GREEN CITY GUIDE

Inhalt

Vorwort

Stell Dir vor, Du lebst in einer Stadt, in der die Menschen sich Zeit nehmen, um sich zu fragen, was wirklich wichtig ist. Zeit, darüber nachzudenken, dass das eigene Handeln immer auch andere beeinflusst, positiv wie negativ. Und dass es uns selbst eigentlich nur wirklich gut gehen kann, wenn es auch den anderen gut geht.

Was das alles mit einem „Green City Guide" zu tun hat? Einem, so sagt man, „nachhaltigen" Stadtführer? So einiges – denn unser Handeln in der Welt beeinflusst und verändert diese. Obwohl das alles sehr einleuchtend und logisch klingt, fällt es uns allen dennoch schwer, diese Erkenntnis in die Tat umzusetzen. Nachhaltiges – im Sinne von ökologisch, ökonomisch und sozial – Leben und Handeln ist keineswegs einfach. Nicht für die Anbieter und auch nicht für die, die wir tagtäglich dem Konsumdschungel und dem Glauben, dass mehr von allem auch glücklicher macht, ausgesetzt sind.

Dass es sich aber dennoch lohnt, nicht immer die ausgetretenen Wege zu gehen, möchten wir mit diesem Buch zeigen. Wir möchten den Anbietern, die es wagen, Produkte aus fairem Handel für etwas mehr Geld anzubieten, Tauschbörsen ganz ohne Geld, Läden, die nur mit selbstgebauten und recycelten Möbeln ausgestattet sind, oder besonderen kulturellen Projekten eine Plattform bieten, um sich vorzustellen. Und gleichzeitig den Menschen den Weg erleichtern, die sich genau solche Alternativen wünschen. Und davon gibt es mehr, als man denkt. Daneben lassen wir eine Auswahl an Menschen zu Wort kommen, von denen wir glauben, dass sie die Stadt und die Nachhaltigkeitsdebatte in der einen oder anderen Weise beeinflussen.

Wir haben ganz besonders die Läden und Geschäfte gelistet, von denen wir glauben, dass sie auf dem richtigen Weg sind. Mit Sicherheit ist es uns aber nicht gelungen, alles zu erfassen, und wir bitten deshalb jede und jeden, der etwas bemerkt, uns darauf hinzuweisen: greencityguide@reflecta.org.

Daniela Mahr für die Redaktion des Green City Guides

Kriterien des Green City Guides

Im Green City Guide sind Cafés und Restaurants gelistet, die ihre Lebensmittel aus biologischem und regionalem Anbau sowie fairem Handel beziehen oder ein besonderes vegetarisch-veganes Angebot bieten. Auch Unternehmen, die ökologische und soziale Aspekte bei ihrer täglichen Arbeit berücksichtigen, und Stiftungen, Vereine und Organisationen, die sich mit besonderen Konzepten für die Erhaltung unserer Umwelt und für Kultur für alle einsetzen, sind hier versammelt.

Wir sind besonders daran interessiert, kleinere Läden und Geschäfte aufzunehmen und möchten diese, auch wenn sie nicht zu 100%, sondern nur zu 80% bio und fairtrade sind, in ihren Bemühungen unterstützen und die regionale Vielfalt fördern.

fairtrade & sozial – Geschäfte, die Produkte aus fairem Handel und/oder mit besonders sozialem Konzept anbieten.

bio – Bio-zertifizierte Produkte

ökologisch up/recycle – Ausstattung und/oder Behälter, in denen die Produkte angeboten werden.

regional – Produkte aus der Region (damit auch gleichzeitig saisonal)

vegetarisch – ein großes vegetarisches Angebot

vegan – ein großes veganes Angebot.

barrierefrei – mit dem Rollstuhl zugängliche Wege

kinderfreundlich – spezielles Angebot für Kinder: Spielecke, Hochsitz, Kinderportionen

plastikfrei (Ein Beitrag von Shout Out Loud) – Unverpackte Ware, mindestens ein Produkt, das nicht wie sonst in Plastik verpackt ist.

Wichtige Adressen

Tourist Information Frankfurt

Das Tourist Center bietet eine persönliche Beratung, Stadtführungen, Freizeit- und Kulturtipps sowie Veranstaltungstickets.

Tourist Information Hauptbahnhof
Tourismus + Congress GmbH Frankfurt am Main

Hauptbahnhof - Empfangshalle
Am Hauptbahnhof 9
60329 Frankfurt am Main

Öffnungszeiten:
Mo-Fr: 09:00-21:00
Sa, So und Feiertags: 9:00-18:00

Telefon: +49 (0)69 212 38800
Telefax: +49 (0)69 212 37880
E-Mail: info@infofrankfurt.de
Web: www.frankfurt-tourismus.de

Tourist Information Römer
Tourismus+Congress GmbH Frankfurt am Main
Römerberg 27
60311 Frankfurt am Main

Telefon: +49 (0)69 212 38800
Telefax: +49 (0)69 212 37880
E-Mail: info@infofrankfurt.de
Web: www.frankfurt-tourismus.de

Öffnungszeiten:
Mo-Fr: 09:30-17:30
Sa, So und Feiertag: 09:30-16:00

Mobil in Frankfurt

Die Fahr- und Sparkarte „Frankfurt Card" ermöglicht das Reisen im Nahverkehr und den ermäßigten Eintritt zahlreicher Museen und Veranstaltungen. Erhältlich ist sie am Flughafen und in allen Tourist Informationen und Bahnhöfen.
Die „Mobilitätszentrale" befindet sich an der Frankfurter Hauptwache.

RMV-Mobilitätszentrale Frankfurt
Hauptwache Verkehrsinsel
An der Hauptwache, Zeil 129
60313 Frankfurt am Main
Telefon: 069 / 24 24 80 24
E-Mail: beratung@traffiq.de
Internet: www.traffiq.de

Öffnungszeiten:
Montag bis Freitag werktags von 9.00 Uhr bis 20.00 Uhr
Samstag von 9.30 Uhr bis 18.00 Uhr

Barrierefrei unterwegs in Frankfurt

Alle barrierefreien Lokale und Geschäfte sind im Stadtführer entsprechend markiert. Die Stadt Frankfurt bietet auf ihrer Website außerdem viele zusätzliche Informationen an, z.B. Stadtpläne mit behinderten gerechten Toiletten und Parkplätzen, barrierefreies Reisen und vieles mehr unter www.frankfurt-tourismus.de/Frankfurt-fuer/Menschen-mit-Behinderung2 und www.frankfurt-handicap.de. Hier findet man auch eine kostenlose Broschüre zum download mit vielen hilfreichen Informationen. Für Gruppen bietet die Touristik Zentrale Frankfurt außerdem barrierefreie Stadtführungen an.

Die Ansprechpartnerin bei Frankfurt am Main barrierefrei ist Mareike Vöhl.

Tel. +49 (0) 69/21 23 03 98
voehl@infofrankfurt.de

Im Gespräch mit...

RALF LOKAY

Inhaber der Umweltdruckerei Lokay in Reinheim

Stellen Sie uns doch kurz Ihre Firma vor. Was steckt hinter Lokay?

Als ich die Firma 1993 von meiner Familie kaufte, führte ich zuerst die 1932 gegründete Druckerei fort. Seit dem Jahr 2004 haben wir uns dem nachhaltigen Drucken, das heißt dem umweltfreundlichem und ressourcenschonendem Drucken verschrieben. Der Gedanke dahinter ist ganz einfach: wir möchten unser Geschäft nicht auf Kosten zukünftiger Generationen betreiben. Aus diesem Grund verwenden wir zu einem Großteil Recycling- und FSC-Papiere. Die Druckmaschinen laufen mit ökologischen Farben und Drücken ohne den Klimakiller IPA (Isopropylalkohol). Dennoch arbeiten in Deutschland auch heute noch weniger als 5 Prozent der Druckereien ohne Alkohol. Durch die Einführung des EMAS-Umweltmanagements im Jahr 2007 garantieren wir unseren anspruchsvollen Kunden nachhaltige Ergebnisse. Durch das jährliche Audit und die Veröffentlichung der Umwelterklärung schaffen wir Transparenz in unserem Handeln. Das ist eine Teamleistung aller 28 Mitarbeiter. Bei uns wird Nachhaltigkeit gelebt - und das meine ich so wie ich es sage. Mit den letzten Investitionen in Höhe von 1,5 Mio. € in unseren Standort sowie die für September 2015 geplante Anschaffung eine der nachhaltigsten Druckmaschinen der Welt, stützen wir unsere Anstrengungen auch mit entsprechenden Ausgaben.

Kontakt:
Druckerei Lokay e.K.
Königsberger Str. 3
64354 Reinheim

Telefon: 06162 - 930 20
Mail: info@lokay.de

www.lokay.de

Durch unsere Umweltdruckberater unterstützen wir viele Unternehmen, Stiftungen, Verbände sowie kirchliche Organisationen bei der Produktion und Logistik Ihrer Printprodukte: von der Visitenkarte bis zur Broschüre oder anspruchsvollen Mailingkampagne. Mit unserem ökologischen Onlineshop bieten wir in Kürze über 2.000.000 verschiedene ökologische Printprodukte online an (Shopstart 10/2015). Bei uns wird Nachhaltigkeit beim Drucken einfach umsetzbar!

Wie kamen Sie auf die Idee?

Unsere Tochter war ein Frühchen und wog weniger als 2.000 Gramm. Da haben meine Frau und ich direkt entschieden, die Ernährung auf gesunde und hochwertige BIO-Lebensmittel umzustellen. Für unsere Tochter war dies vielleicht die Grundlage für ihre schnelle und gute Entwicklung. Durch das regelmäßige Einkaufen im Bio-Markt habe ich schnell den großen ökologischen Optimierungsbedarf selbst bei den BIO-Marken gesehen. Seit 2004 habe ich das Unternehmen gemeinsam mit meinem Prokuristen Thomas Fleckenstein konsequent auf ökologische Produktion umgestellt. Seitdem hat sich auch das Unternehmen positiv entwickelt. Viele Bio-Marken aus ganz Deutschland lassen bei uns in Reinheim produzieren.

Was waren die Startschwierigkeiten und wie sind Sie damit umgegangen?

Unsere Mitarbeiter waren echt etwas skeptisch, konnten aber schnell erkennen, wie sinnvoll und wichtig dies für unsere Kunden, aber auch für unser Unternehmen ist. Heute stehen alle voll dahinter. Die meisten Druckereien haben uns eher

belächelt und sich lustig gemacht: „Sonst habt ihr keine Probleme? Für was ist das gut? Zahlt Euch der Kunde das überhaupt?" Viele dieser Firmen gibt es heute gar nicht mehr. Wir haben uns davon aber nicht beirren lassen und haben unseren Weg immer konsequent weiterverfolgt.

Wie sehen Sie die aktuelle gesellschaftliche Situation? Was läuft schief, was gibt Hoffnung?

Das Thema Nachhaltigkeit ist nun in der Mitte der Gesellschaft angekommen. Heute gehört es zum guten Ton und das Bild des Birkenstock-Ökos gehört der Vergangenheit an. Die Grundrichtung stimmt, ein wichtiger Hebel fehlt jedoch noch: die Umwelt muss einen Preis bekommen. Wenn die Unternehmen, die die Umwelt ausbeuten dafür einen höheren Preis zahlen müssen, während die nachhaltigen Unternehmen aller Branchen einen Vorteil erzielen, wird sich die Nachhaltigkeit explosionsartig vermehren. Durch unser Handeln konnten wir 2004 unseren CO2- Ausstoß um über 80 Prozent und den Wasserverbrauch um über 40 PRozent reduzieren - das ist doch zur Nachahmung empfohlen.

Wann und über welche „Währung" sich der Preis der Umwelt abbildet werde ich hoffentlich noch erleben...

Stadtteile:

INNENSTADT / ALTSTADT / BAHNHOFS-VIERTEL

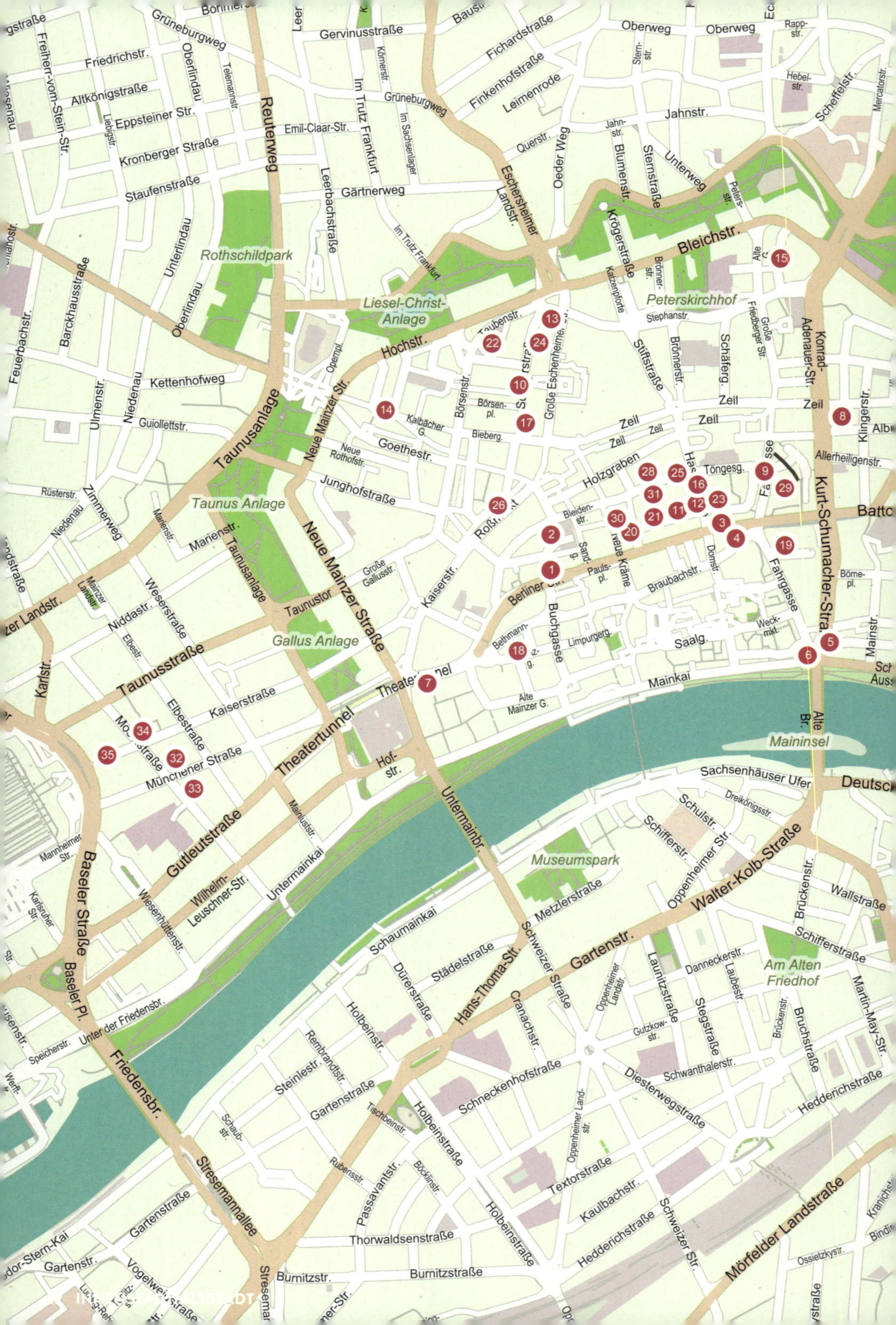
Rothschildpark
Liesel-Christ-Anlage
Peterskirchhof
Taunus Anlage
Gallus Anlage
Taunusanlage
Maininsel
Museumspark
Am Alten Friedhof
Reuterweg
Grüneburgweg
Gervinusstraße
Fichardstraße
Oberweg
Friedrichstr.
Altkönigstraße
Eppsteiner Str.
Kronberger Straße
Staufenstraße
Emil-Claar-Str.
Gärtnerweg
Leerbachstraße
Im Trutz Frankfurt
Eschersheimer Landstr.
Oeder Weg
Finkenhofstraße
Leimenrode
Jahnstr.
Unterweg
Blumenstr.
Sternstraße
Krögerstraße
Bleichstr.
Hochstr.
Neue Mainzer Str.
Kettenhofweg
Guiolettstr.
Bockenheimer Landstr.
Feuerbachstr.
Barckhausstraße
Ulmenstr.
Niedenau
Oberlindau
Unterlindau
Taubenstr.
Stephanstr.
Stiftstraße
Brönnerstr.
Schäferg.
Große Friedberger Str.
Konrad-Adenauer-Str.
Kurt-Schumacher-Str.
Zeil
Klingerstr.
Allerheiligenstr.
Töngesg.
Holzgraben
Börsenstr.
Börsenpl.
Große Eschenheimer Str.
Kalbächer G.
Goethestr.
Biebergr.
Junghofstraße
Neue Rothofstr.
Roßmarkt
Kaiserstr.
Bleidenstr.
Neue Kräme
Berliner Str.
Buchgasse
Paulspl.
Braubachstr.
Domstr.
Fahrgasse
Börnepl.
Battonnstr.
Mainstr.
Weckmarkt
Saalg.
Limpurgerg.
Bethmannstr.
Theatertunnel
Alte Mainzer G.
Mainkai
Alte Br.
Sachsenhäuser Ufer
Deutschherrnufer
Schulstr.
Dreikönigsstr.
Schifferstr.
Oppenheimer Str.
Walter-Kolb-Straße
Brückenstr.
Wallstraße
Schifferstraße
Danneckerstr.
Laubestr.
Martin-May-Str.
Bruchstraße
Heddrichstraße
Gartenstr.
Metzlerstraße
Schweizer Straße
Hans-Thoma-Str.
Schaumainkai
Städelstraße
Dürerstraße
Holbeinstr.
Cranachstr.
Laurnitzstraße
Stegstraße
Gutzkowstr.
Schwanthalerstr.
Diesterwegstraße
Schneckenhofstraße
Textorstraße
Kaulbachstr.
Heddrichstraße
Mörfelder Landstraße
Oppenheimer Landstr.
Rembrandtstr.
Steinlestr.
Gartenstraße
Tischbeinstr.
Holbeinstraße
Rubensstr.
Passavantstr.
Böcklinstr.
Thorwaldsenstraße
Burnitzstr.
Burnitzstraße
Stresemannallee
Friedensbr.
Baseler Str.
Baseler Pl.
Unter der Friedensbr.
Speicherstr.
Gutleutstraße
Wilhelm-Leuschner-Str.
Untermainkai
Untermainbr.
Mainlustr.
Hofstr.
Theatertunnel
Neue Mainzer Straße
Taunustor
Große Gallusstr.
Taunusstraße
Kaiserstraße
Münchener Straße
Moselstraße
Elbestraße
Weserstraße
Niddastr.
Mainzer Landstr.
Karlstr.
Marienstr.
Zimmerweg
Rüsterstr.
Mannheimer Str.
Wiesenhüttenstr.
Gartenstr.
Vogelweidstraße
1
2
3
4
5
6
7
8
9
10
11
12
13
14
15
16
17
18
19
20
21
22
23
24
25
26
28
29
30
31
32
33
34
35

1. Brot und seine Freunde
2. Café Wacker
3. DasEis/Healthy Planet
4. Freitagsküche
5. Langosch
6. SEVEN SWANS GmbH
7. Vevay
8. Bauernmarkt Konstablerwache
9. Biometzgerei Schick
10. Kaiser - Ihre Biobäckerei
11. Kleinmarkthalle
12. Lucias BIO-International
13. Reformhaus Boermel-Ernst
14. Reformhaus Freya
15. Weltladen Alte Gasse
16. Westerwälder Weidehof
17. Wochenmarkt Schillermarkt
18. 13 Shop
19. Affentor
20. Aschenputtel
21. Aschenputtel II
22. Aurum Second Hand Boutique
23. Blanket Store
24. Bonne Chance Second-Hand Boutique
25. Bürstenhaus GmbH
26. Carpe Diem
27. epiphany - vintage and more
28. Mi Manchi
29. Raus aus dem Keller
30. Meisterwerke
31. Oxfam Buchshop
32. Schumacher Lenz
33. Klein und Main
34. Saravanaa Bhavan
35. Kaisermarkt - Bahnhofsviertel

BROT UND SEINE FREUNDE

ESSEN & TRINKEN

bio | regional | vegan | kinderfreundlich

In diesem gemütlichen und hellen Laden kann man u. a. LemonAid oder Mymuesli konsumieren. Es wird großen Wert darauf gelegt, dass alle Backwaren mit natürlichen Lebensmitteln, frei von Konservierungsmitteln und künstlichen Zusatzstoffen, zubereitet werden.

Öffnungszeiten: Mo-Fr 7:30-19 Uhr, Sa 8-18 Uhr, So 10:30-17:30 Uhr
Adresse: Kornmarkt 3-5 | 60313 Frankfurt
T 069 20977885 **Web:** www.brotfreunde.de
www.facebook.com/Brot-und-seine-Freunde/

CAFÉ WACKER

ESSEN & TRINKEN

fairtrade & sozial | bio

Das Café bietet eine eigene Röstung und liegt selbst in der nun hundertjährigen Familientradtion. Der Charme liegt im Wiener Caféhausstiel mit Sommergarten, Besonderheit sind die Kuchen und Torten, es gibt aber auch kleine kalte oder warme Mahlzeiten.

Öffnungszeiten: Mo-Fr 8-19 Uhr, Sa 8-18 Uhr
Adresse: Kornmarkt 9 | 60311 Frankfurt
T 069 287810 **Web:** www.wackers-kaffee.net | www.facebook.com/wackers.kaffee

DASEIS / HEALTHY PLANET

ESSEN & TRINKEN

bio | vegetarisch | vegan | kinderfreundlich | kulturelles konzept

Kleiner Laden in der Hasengasse mit köstlichen Eissorten. Das Wichtigste daran: Auf Einsatz von Industriezucker, Konservierungsstoffen, Farbstoffen, Fremdfetten, etc. wird verzichtet und die Zutaten der Produkte kommen ausschließlich aus bio-dynamischer Landwirtschaft.

Öffnungszeiten: Mo-Fr 12-18 Uhr, Sa 10-18 Uhr, So 13-17 Uhr
Adresse: Hasengasse 1-3 | 60311 Frankfurt
T 069 74731409 **Web:** www.healthyplanet.de | www.daseis.eu
www.facebook.com/daseis.eu

FREITAGSKÜCHE

ESSEN & TRINKEN

bio | regional | vegetarisch | barrierefrei | kulturelles konzept

Neben der Freitagsküche im Gallusviertel bietet nun auch das Museum für Moderne Kunst morgens, mittags und abends eine Speisekarte aus ausschließlich frischen Zutaten, vorzugsweise aus regionalem biologischem Anbau an.

Öffnungszeiten: Di – Sa 10 – 23 Uhr, So 10 – 18 Uhr
Adresse: Domstr. 10 | 60311 60311
T 0176 27669675
Web: www.freitagskueche.de | www.facebook.com/frankfurt.freitags-kuche

LANGOSCH

ESSEN & TRINKEN

bio | regional | vegetarisch | vegan

Einfache und bodenständige Küche wird hier geboten, dazu heimisch-regional bis modern-international, teilweise vegan und sehr experimentierfreudig. Dazu bekommt ihr leckere und ehrliche Drinks gereicht.

Öffnungszeiten: Mo-Fr ab 12 Uhr, Sa ab 10 Uhr
Adresse: Fahrgasse 3 | 60311 Frankfurt
T 069 92039510 **Web:** www.langosch-frankfurt.com
www.facebook.com/LangoschAmMain

SEVEN SWANS GMBH

ESSEN & TRINKEN

bio | ökologisch up/recycle | regional

Gutes Essen hat eine gute Herkunft: regional, biologisch, natürlich. Weit weg von Pestiziden und Monokultur, dafür Hand in Hand mit der Natur und ganz nah ihrer Küche. Keine 30 Kilometer entfernt ernten sie auf ihrem eigenen Stückchen Vordertaunusland die Gemüsesorten und Kräuter, um die herum sie ihre frischbunten Monatsmenüs planen.

Öffnungszeiten: Di-Sa ab 18:30 Uhr
Adresse: Mainkai 4 | 60311 Frankfurt | **T** 069 21996226
Web: www.sevenswans.de |
www.facebook.com/SEVENSWANSFRANKFURT

VEVAY

ESSEN & TRINKEN

bio | regional | vegetarisch | vegan

Vevay steht für Vegetarian-Vegan-Yummy. Ob Frühstück, Mittag oder über den Tag, alle Gerichte können vor Ort oder To Go erworben werden und sind rein vegetarisch und/oder vegan. Auch die Getränkekarte lässt keine Wünsche offen und bietet unter anderem Smoothies und Kaffee.

Öffnungszeiten: Mo-Fr 9-21 Uhr, Sa 10-21 Uhr
Adresse: Neue Mainzer Str. 20 | 60311 60311
T 069 26918760 **Web:** www.vevay.net
www.facebook.com/vevayfrankfurt

BAUERNMARKT KONSTABLERW.

LEBENSMITTEL & TÄGLICHER BEDARF

bio | ökologisch up/recycle | regional | vegetarisch | vegan | barrierefrei

Der Bauern- und Erzeugermarkt, der jeden Donnerstag und Samstag auf der Konstablerwache stattfindet, ist der größte Frankfurts. Hier kann man frische Produkte für zuhause kaufen oder direkt vor Ort genießen. Er ist auch ein beliebter Treffpunkt für Frankfurter, die sich hier auf einen Apfel- oder Rebenwein treffen.

Öffnungszeiten: Do 10-20 Uhr, Sa 8-17 Uhr
Adresse: Konstabler Wache | 60313 Frankfurt
Web: www.erzeugermarkt-konstablerwache.de

BIOMETZGEREI SCHICK

LEBENSMITTEL & TÄGLICHER BEDARF

bio | ökologisch up/recycle | regional

Dieser Stand in der Kleinmarkthalle bietet:
frisches Weidefleisch vom Kalb, Geflügel, Rind, Schwein, Lamm sowie Eier und saisonal auch Wild.

Öffnungszeiten: Mi+Do 10-18 Uhr, Fr 8-18 Uhr, Sa 8-16 Uhr
Adresse: Hasengasse 5-7 | 60311 Frankfurt | **T** 0178 2184753
Web: www.biometzgerei-schick.de

KAISER - IHRE BIOBÄCKEREI

LEBENSMITTEL & TÄGLICHER BEDARF

fairtrade & sozial | bio | ökologisch up/recycle | regional | vegetarisch

Die Bäckerei stellt in Handarbeit frische Backwaren mit Zutaten aus kontrolliert biologischen Anbau her. Auf der Internetseite stellen sie sehr transparent die Zutaten der Backwaren dar. Es gibt mehrere Filialen in Frankfurt.

Öffnungszeiten: Mo-Fr 8-19 Uhr, Sa 8-18 Uhr
Adresse: Börsenplatz 1 | 60313 Frankfurt
T 069 15342489 | **Web:** www.ihre-bio-baeckerei.de
www.facebook.com/KaiserBiobaeckerei

KLEINMARKTHALLE

LEBENSMITTEL & TÄGLICHER BEDARF

bio | regional | vegetarisch | vegan | barrierefrei

Die Markthalle steht für Frankfurter Köstlichkeiten, aber auch für Frankfurts Nationalitäten. Die Atmosphäre ist gemütlich und herzlich, die Lebensmittel international und regional.

Öffnungszeiten: Mo-Fr 8-18 Uhr, Sa 8-16 Uhr
Adresse: Hasengasse 5-7 | 60311 Frankfurt
T 069 21233696 | **Web:** www.kleinmarkthalle.de
www.facebook.com/Kleinmarkthalle

LUCIAS BIO-INTERNATIONAL

LEBENSMITTEL & TÄGLICHER BEDARF

bio

Dieser Stand in der Kleinmarkthalle hat ein Angebot in Bioland-Qualität: Eier, Geflügel, Rindfleisch, Schaffleisch, Schweinefleisch, Wurst und Wein.

Öffnungszeiten: Mo-Fr 8-18 Uhr, Sa 8-16 Uhr
Adresse: Hasengasse 5-7 | 60311 Frankfurt
T 069 295851

REFORMHAUS BOERMEL-ERNST

LEBENSMITTEL & TÄGLICHER BEDARF

fairtrade & sozial | bio | ökologisch up/recycle | regional | vegetarisch | vegan

Dieses Reformhaus ist mit einem breiten Sortiment ausgestattet.

Öffnungszeiten: Mo-Fr 8-19 Uhr, Sa 10-18 Uhr
Adresse: Schillerstr. 30-40 | 60313 Frankfurt
T 069 20121
Web: www.reformhaus.de
www.facebook.com/Reformhaus-Boermel-Ernst/

REFORMHAUS FREYA

LEBENSMITTEL & TÄGLICHER BEDARF

fairtrade & sozial | bio | ökologisch up/recycle | regional | vegetarisch | vegan | plastikfrei

Kompetente Beratung in den Bereichen Ernährung, Gesundheit und Naturkosmetik bieten die geschulten Fachberater des Reformhauses Freya. Neben hochwertigen Bio-Lebensmitteln und Spezialprodukten für Allergiker erhält man hier über 1.200 Produkte für die vegane Ernährung. Außerdem bietet die Filiale in der Altstadt/Innenstadt einen vegetarischen Catering Service an: „Annes Natur Gourmet".

Öffnungszeiten: Mo-Fr 9-20 Uhr, Sa 9-18 Uhr
Adresse: Große Bockenheimer Str. 33 | 60313 Frankfurt |
T 069 13389220 | **Web:** www.reformhaus-freya.de

WELTLADEN ALTE GASSE

LEBENSMITTEL & TÄGLICHER BEDARF

fairtrade & sozial | bio | ökologisch up/recycle | vegetarisch | vegan | barrierefrei | kulturelles konzept | plastikfrei

Der Weltladen hat sich zum Ziel gesetzt, statt Almosen Partnerschaften aufzubauen und mehr als „fair" zu sein. Sie haben Produkte mit Geschichte und Seele.

Öffnungszeiten: Mo-Fr 11:30-19 Uhr, Sa 10-17 Uhr
Adresse: Alte Gasse 6 | 60313 Frankfurt
T 069 285070 | **Web:** www.aktion-weltmarkt.de
www.facebook.com/Weltladen-Frankfurt/

WESTERWÄLDER WEIDEHOF

LEBENSMITTEL & TÄGLICHER BEDARF

bio | ökologisch up/recycle | regional

Dieser Stand in der Kleinmarkthalle hat ein Angebot in Bioland-Qualität: Eier, Geflügel, Rindfleisch, Schaffleisch, Schweinefleisch, Wurst und Wein.

Öffnungszeiten: Di-Fr 9-18 Uhr, Sa 9-14 Uhr
Adresse: Hasengasse 5-7 | 60311 Frankfurt
T 06477 1337

WOCHENMARKT SCHILLERMARKT

LEBENSMITTEL & TÄGLICHER BEDARF

bio | regional | vegetarisch | vegan | barrierefrei

Wochenmarkt in der Schillerstraße

Öffnungszeiten: Fr 9-18:30 Uhr
Adresse: Schillerstr. 2 | 60313 Frankfurt

13 SHOP

KLEIDUNG, KOSMETIK & CO

ökologisch up/recycle | barrierefrei

Auffällig an diesem Secondhandgeschäft ist die Vintage Kleidung und die sehr nette Beratung. Daneben gibt es Markenware für Business und Freizeit.

Öffnungszeiten: 11:30-19 Uhr
Adresse: Münzgasse 10 | 60311 Frankfurt
T 069 47864697
Web: www.13-vintage.com

AFFENTOR

KLEIDUNG, KOSMETIK & CO

fairtrade & sozial | ökologisch up/recycle | regional | kulturelles konzept

Hier kann man herrliche selbstgemachte Taschen für jeden Geldbeutel erstehen. Affentor verarbeitet ausschließlich Reststoffe (Limited Edition). Um die Meterwaren bis auf den letzten Rest aufbrauchen zu können, nähen sie aus den Stoffresten u.a. Lala's - ein kleines Beutelchen, oder Nic - unseren chicen Schlüsselanhänger.

Öffnungszeiten: Di-Sa 11-19 Uhr
Adresse: Fahrgasse 23 | 60311 Frankfurt
T 069 29801975
Web: www.facebook.com/affentor

ASCHENPUTTEL

KLEIDUNG, KOSMETIK & CO

ökologisch up/recycle

Hier findet ihr Secondhand der letzten 2 Jahre. Dazu gehören u.a. exklusive Marken für Damen und Herren und Business-Kleidung in bestmöglicher Qualität.

Öffnungszeiten: Mo-Fr 10-19 Uhr, Sa 10-17 Uhr
Adresse 1: Neue Kräme 32 | 60311 Frankfurt | **T** 069 285209
Adresse 2: An der Kleinmarkthalle 11 | 60311 Frankfurt | **T** 069 285209
Web: www.secondhand-aschenputtel.de
www.facebook.com/secondhand.aschenputtel

AURUM SECOND HAND BOUTIQUE

KLEIDUNG, KOSMETIK & CO

ökologisch up/recycle

In dem Secondhandgeschäft gibt es nicht nur die klassische Kleidung, sondern auch exklusive Marken und festliche Mode.

Öffnungszeiten: Mo-Fr 10:30-19 Uhr, Sa 10:30-16 Uhr
Adresse: Taubenstr. 11 | 60313 Frankfurt
T 069 13379607

BLANKET STORE

KLEIDUNG, KOSMETIK & CO

fairtrade & sozial | bio | ökologisch up/recycle

In dem kleinen Geschäft bekommt ihr charmante, internationale Decken. Auch aus fairer Produktion u.a. werden kleine Webereien und Stoffherstellungen unterstützt.

Öffnungszeiten: Di-Sa 11-19 Uhr
Adresse: Hasengasse 2 | 60311 Frankfurt
T 069 59771263
Web: www.blanketstore.de
www.facebook.com/blanketstore

BONNE CHANCE

KLEIDUNG, KOSMETIK & CO

ökologisch up/recycle

Designerkleidung, Taschen, Schuhe und Accessoires können hier in sehr gutem Zustand erstanden werden.

Öffnungszeiten: Mo-Fr 10-19 Uhr, Sa 11-17 Uhr
Adresse: Schillerstr. 28 | 60313 Frankfurt | **T** 069 295384
Web: www.bonnechance-frankfurt.de
www.facebook.com/bonne-chance-second-hand-boutique/

BÜRSTENHAUS GMBH

KLEIDUNG, KOSMETIK & CO

regional

Die handgefertigten Bürsten, die man hier erwerben kann, sind gut verarbeitet, sie bestehen aus natürlichen, qualitativ hochwertigen Materialien und sie funktionieren!

Öffnungszeiten: Mo-Fr 10-18 Uhr, Sa 11-17 Uhr
Adresse: Töngesgasse 27 | 60311 Frankfurt | **T** 069 283313
Web: www.buerstenhaus.de
www.facebook.com/buerstenhausfrankfurt

CARPE DIEM

KLEIDUNG, KOSMETIK & CO

ökologisch up/recycle

Seit nunmehr 25 Jahren hat sich Carpe Diem als herausragende Adresse für gebrauchte aber auch neue Mode und stylische Accessoires etabliert. Auf zwei Etagen findet man hier für Damen und Herren namenhafte Designermode und andere schöne Dinge.

Öffnungszeiten: Mo-Fr 10:30-19 Uhr, Sa 12-18 Uhr
Adresse: Roßmarkt 12 | 60311 Frankfurt | **T** 069 291627
Web: www.frankfurt-secondhand.de
www.facebook.com/Carpe-Diem-First-Second-Handler

EPIPHANY - VINTAGE AND MORE

KLEIDUNG, KOSMETIK & CO

ökologisch up/recycle

Dieser Secondhandladen hat seinen Schwerpunkt auf Vintage und Street Wear gelegt. Hier findet ihr alles, was hip und cool ist. Und bezahlbar.

Öffnungszeiten: Mo-Fr 11:30-19 Uhr, Sa 11:30-18 Uhr
Adresse: Zeil 10 | 60313 Frankfurt | **T** 069 97769660
Web: womansdressingroom.de/category/epiphany-shop | www.facebook.com/epiphany-Vintage-and-More/

MI MANCHI

KLEIDUNG, KOSMETIK & CO

bio

Dieser Friseur pflegt eure Haare mit Naturprodukten. Und versucht nebenbei euch mit fachlicher Kompetenz und der notwendigen Sorgfalt den besten Look der Welt zu verpassen - der euch am ähnlichsten sieht.

Öffnungszeiten: Di-Fr 10-19 Uhr, Sa 10-15 Uhr
Adresse: Schärfengäßchen 4 | 60311 Frankfurt
T 069 21087676 | **Web:** www.mi-manchi.de
www.facebook.com/Mi-Manchi-Frankfurt/

RAUS AUS DEM KELLER

KLEIDUNG, KOSMETIK & CO

ökologisch up/recycle

Hier lohnt es sich zu stöbern nach schönen Dingen und nützlichen Produkten. Gleichzeitig kann man hier Dinge verkaufen, die man nicht mehr braucht, man mietet sich ein Regal und die Besitzer des Geschäfts kümmern sich um die Abwicklung.

Öffnungszeiten: Mo-Sa 10-19 Uhr
Adresse: Fahrgasse 86 | 60311 Frankfurt
T 0157 73076060
Web: www.raus-aus-dem-keller.de

MEISTERWERKE

SONSTIGES

bio | barrierefrei | kinderfreundlich

Feinstes aus europäischer Manufaktur - Meisterwerke sucht gezielt Wohn- und Haus-Produkte (Schlafen, Wohnen, Kocheen) aus, die nachhaltig, umweltverträglich und, soweit irgend möglich, ohne künstliche Zusätze produziert werden.

Öffnungszeiten: Di-Sa 11-18 Uhr
Adresse: Neue Kräme 29 | 60311 Frankfurt
T 069 29729806 | **Web:** linenproject.com
www.facebook.com/Meisterwerke.Europa

OXFAM BUCHSHOP

SONSTIGES

Für einen erschwinglichen Preis findet hier jeder ein tolles Buch für sich. Und damit unterstützt man noch eines der vielen Projekte von Oxfam.

Öffnungszeiten: Mo-Fr 10-18:30 Uhr, Sa 10:30-16:30 Uhr
Adresse: Töngesgasse 35 | 60311 60311
T 069 21997136 | **Web:** www.oxfam.de/shops/frankfurt-buch

SCHUHMACHEREI LENZ

SONSTIGES

regional

Die Schuhe hier werden ausschließlich mit Materialien von höchster Qualität repariert, fast alle stammen aus deutscher und europäischer Produktion.

Öffnungszeiten: Mo-Fr 7:30-18:30 Uhr, Sa 9-13 Uhr
Adresse: Münchener Str. 36 | 60329 Frankfurt
T 069 231634 | **Web:** www.schuhmacherei-lenz.de
www.facebook.com/Schuhmacherei.Lenz

KLEIN UND MAIN

ESSEN & TRINKEN

fairtrade & sozial | bio | regional | vegetarisch | vegan | kulturelles konzept

Stylisches Cafe, das Design mit gutem Essen verbindet. Eine Besonderheit ist der kaltgebrühte Kaffee, der in einem 1,5 Meter hohen Kolben hergestellt wird. Zudem gibt es immer wieder Veranstaltungen und Ausstellungen.

Öffnungszeiten: Mo-Mi 10-18 Uhr, Do+Fr 10-22 Uhr, Sa+So 11-18 Uhr
Adresse: Moselstr. 10 | 60329 Frankfurt
T 069 25755973 | **Web:** www.kleinundmain.de
www.facebook.com/kleinundmain

SARAVANAA BHAVAN
ESSEN & TRINKEN

vegetarisch

Liebhaber der indischen vegetarischen Küche kommen bei Saravanaa Bhavan voll auf ihre Kosten, da eine große Vielfalt an delikaten südindischen Gemüsegerichten mit feinen Soßen und aromatischen Gewürzkompositionen sowie Gemüsevariationen angeboten werden.

Öffnungszeiten: Mo-So 11-22:30 Uhr
Adresse: Kaiserstr. 66 | 60329 Frankfurt
T 069 97693374 | **Web:** www.saravanaabhavan.de

KAISERMARKT BAHNHOFSVIERTEL
LEBENSMITTEL & TÄGLICHER BEDARF

ökologisch up/recycle | regional

Der Wochenmarkt im Bahnhofsviertel.

Öffnungszeiten: Di+Do 9-19 Uhr
Adresse: Kaiserstr. 81 | 60329 Frankfurt

FOTO: ENVER HIRSCH/GREENPEACE ENERGY EG

Im Gespräch mit…

SÖNKE TANGERMANN UND NILS MÜLLER

Vorstand von Greenpeace Energy eG

Was ist Greenpeace Energy?

Nils Müller: Wir sind eine Energie-Genossenschaft mit über 23.000 engagierten Mitgliedern. Unser gemeinsames Ziel ist nicht Profitmaximierung, sondern die Energiewende – also eine 100prozentige Energieversorgung aus umweltfreundlichen Quellen, ohne Atom und Kohle. Inzwischen versorgen wir bundesweit mehr als 111.000 Kunden mit sauberem Strom aus Wasser- und Windkraft und bieten das ökologisch hochwertige proWindgas an. Außerdem sind wir ein politisch engagiertes Unternehmen – deshalb mischen wir uns zum Beispiel mit Studien in energiepolitische Debatten ein oder klagen gegen die EU-Kommission, weil sie milliardenschwere Subventionen für das geplante britische Atomkraftwerk Hinkley Point C bewilligt hat.

Wie kam es dazu?

Sönke Tangermann: Wie der Name schon ahnen lässt, haben wir unsere Wurzeln in der Umweltorganisation Greenpeace: Als 1998 der Strommarkt liberalisiert wurde, war kein Energieversorger bereit, auf Atomkraft zu verzichten und die strengen Stromkriterien von Greenpeace zu erfüllen. Greenpeace wollte jedoch beweisen, dass eine Stromversorgung ohne Atom- und Kohlekraft möglich ist und hat Greenpeace Energy gegründet – dies ist nun schon über 15 Jahre her.

Was waren die Startschwierigkeiten und wie seid ihr damit umgegangen?

Sönke Tangermann: Es ging los mit 186 Kunden, deren Verträge damals im Wohnzimmer eines Greenpeace-Campaigners verwaltet wurden. Unsere besonders hohe Stromqualität und unser Engagement haben viele Menschen dafür begeistert, mitzumachen – als Kunde oder Mitglied. Schon zwei Jahre später wurde unsere Tochter Planet energy gegründet, die bis heute Photovoltaikanlagen wie auch Windparks baut und betreibt – denn mehr Energiewende gibt es nur mit mehr umweltfreundlichen Kraftwerken. Dafür setzen wir uns ein.

Was bedeutet Nachhaltigkeit für euch?

Nils Müller: Es bedeutet vor allem Verantwortung – im Großen wie im Kleinen: Das reicht für uns vom Kampf gegen den Klimawandel bis zur Energieeffizienz im eigenen Unternehmen, von besonderer Beachtung des Naturschutzes beim Bau von Windparks bis zum Einsatz umweltfreundlicher Materialien, etwa bei Werbemitteln und Druckmaterialien. Zugleich bedeutet es für uns, als Unternehmen innovativ und zukunftsfähig zu bleiben, aus eigener Kraft solide im Sinne unserer Genossenschaftsmitglieder zu wirtschaften und ein attraktiver Arbeitgeber zu sein.

Wie seht ihr die aktuelle gesellschaftliche Situation? Was läuft schief, was gibt Hoffnung?

Sönke Tangermann: Wir haben den Eindruck, allemal die Hoffnung, dass die Gesellschaft schon viel weiter ist als die Politik, jedenfalls in Deutschland. Wir müssen aber weiter Druck machen, damit aus den Lippenbekenntnissen einer sogenannten „Klimakanzlerin" Merkel auch Taten werden, damit es zum Beispiel in Paris ein neues, wirksames Klimaschutzabkommen gibt. Industrieländer wie Deutschland müssen da mit gutem Beispiel vorangehen. Es gibt noch viel zu tun, denn bis heute wird dreiviertel des Stroms aus Atom und Kohle erzeugt. Die Energiewende ist noch nicht geschafft, und wir wollen mit unseren Mitgliedern und Kunden weiter unseren Teil dazu beitragen.

GREENPEACE ENERGY

Energie-Genossenschaft aus Überzeugung.

Interessenten-Hotline:
Tel: 040 / 808 110-600
(Montag bis Freitag von 8 bis 19 Uhr)
Fax: 040 / 808 110-666

Adresse:
Hongkongstr. 10
20457 Hamburg

E-Mail: info@greenpeace-energy.de
www.greenpeace-energy.de

ZUM STERN
PUB
Schlappe Seppel

Stadtteil:

SACHSENHAUSEN

Battonnstraße
Hanauer Landstr.
Kurt-Schumacher-Straße
Lange Str.
Roßmarkt
Kaiserstr.
Berliner Str.
Neue Kräme
Braubachstr.
Domstr.
Fahrgasse
Recheneigrabenstr.
Schwanenstr.
Rückertstraße
Windeckstr.
Sonnemannstraße
Buchgasse
Limpurgerg.
Saalg.
Weckmkt.
Mainstr.
Fischerfeldstr.
Schöne Aussicht
Oskar-von-Miller-Str.
Mainkai
Alte Mainzer G.
Alte Br.
Maininsel
Ignatz-Bubis-Br.
Flößerbr.
Weseler Werft
Sachsenhäuser Ufer
Deutschherrnufer
Untermainbr.
Schulstr.
Dreikönigsstr.
Schifferstr.
Oppenheimer Str.
Walter-Kolb-Straße
Seehofstr.
Dreieichstr.
Walther-von-Cronberg-Pl.
Museumspark
Metzlerstraße
Klapperg.
Große Rittero.
Wasserweg
Neuer Wall
Gerbermühlstraße
Zum Apothekerhof
Zum Brommerhof
Zum Gipelhof
Willemerstr.
Gartenstr.
Hans-Thoma-Str.
Städelstraße
Schweizer Straße
Launitzstraße
Laubestr.
Schifferstraße
Am Alten Friedhof
Darmstädter Landstr.
Siemensstr.
Seehofstraße
Heisterstraße
Cranachstr.
Oppenheimer Landstr.
Gutzkowstr.
Brückenstr.
Bruchstraße
Mühlbruchstr.
Offenbacher Landstraße
Auf dem Mühlberg
Am Mühlkanal
Schneckenhofstraße
Schwanthalerstr.
Diesterwegstraße
Hedderichstraße
Hühnerweg
Holbeinstraße
Böcklinstr.
Textorstraße
Kaulbachstr.
Schweizer Str.
Mörfelder Landstraße
Kranichsteiner Str.
Quirinsstr.
Geleitsstr.
Johanna-Melber-Weg
Wendelsweg
Burnitzstraße
Ossietzkystr.
Bindingstr.
Tucholskystraße
Grethenweg
Darmstädter Landstr.
Tiroler Str.
Mörfelder Landstr.
Tiroler Park
Mittlerer Hasenpfad
Großer Hasenpfad
Aschaffenburger Str.
Hainer Weg
Wertheimer Str.
Gemündener Straße
Schweinfurter Weg
Am Sandberg
Bergesgrundweg
Heigenbrücker Weg
Unterster Zwerchweg
Altes Schützenhüttengäßchen
Heinrich-Limpert-Weg
Mailänder Straße
Letzter Hasenpfad
Niersteiner Str.
Wormser Str.
Breslauer Str.
Breslauer Straße
Ziegelhüttenweg
Mittlerer Schafhofweg
Esperantostraße
Schützenhüttenweg
Schnappbornweg
Oberer Schafhofweg
Fritz-Boehle-Str.
Turiner Str.
Sachsenhäuser Landwehrweg
Boehlepark
1
2
3
4
5
6
7
9
10
11
12
13
14
15
16
17
18

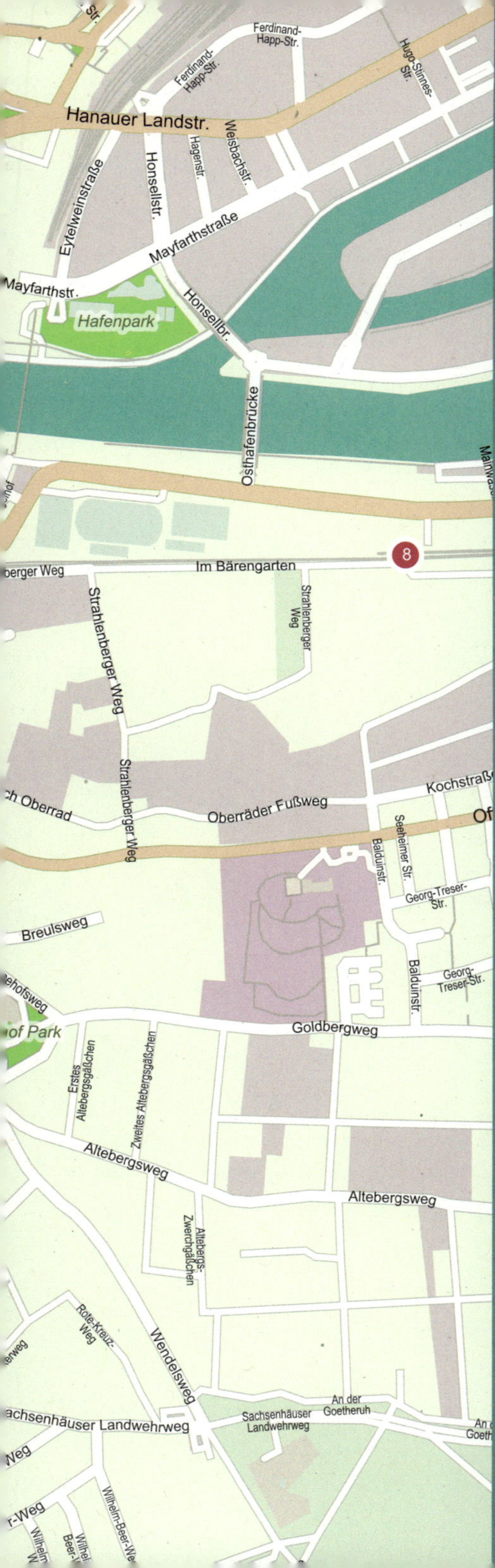

1. *BizziIce*
2. *Dulce Chocolate*
3. *L'Atelier des Tartes*
4. *Madame Herrlich*
5. *Alnatura*
6. *Alnatura*
7. *Gärtnerei Stoll*
8. *Gemüse-Gärtnerei Bärengarten*
9. *Grünkern Naturkost*
10. *Kaiser - Ihre Biobäckerei*
11. *Markt im Hof*
12. *Sommer Aperitivo*
13. *Wochenmarkt Südbahnhof*
14. *Sachsenhausener Bauernmarkt*
15. *Reformhaus Freya*
16. *Reformhaus Freya*
17. *Oxfam shop*
18. *Organic Nevi*

BIZZIICE

ESSEN & TRINKEN

bio | vegetarisch | vegan

Hier gibt es Bio-Eis. Es wird nicht nur auf künstliche Zusatzstoffe verzichtet, sondern das Eis wird komplett selbst gemacht. Es gibt auch vegane Sorten. Wem das zu kalt ist, kann zu seinem Kaffee selbstgebackenen Kuchen genießen.

Öffnungszeiten: Sommer: Mo-So 11-22 Uhr
Winter: Di-So 10-18 Uhr, Frühling+Herbst: Di-So 11-19 Uhr
Adresse: Wallstr. 26 | 60594 Frankfurt am Main
T 069 94942550 | **Web:** www.bizzi-ice.com
www.facebook.com/Bizziice

DULCE ICE CREAM

ESSEN & TRINKEN

bio | regional | vegetarisch | vegan | barrierefrei

Dieses Geschäft gibt es sechsmal in Frankfurt und bietet Pralinen, Eis und Kaffee in hoher Qualität an. Dabei wird besonders auf regionale und biologische Zutaten und wenig Zucker geachtet.

Öffnungszeiten: Mo-Sa 10-22 Uhr, So 12-22 Uhr
Adresse: Schweizer Str. 43 | 60594 Frankfurt am Main
Web: www.dulceice.de
www.facebook.com/Dulce-Chocolate-Ice-Cream

L'ATELIER DES TARTES

ESSEN & TRINKEN

vegetarisch | vegan

Kleines gemütliches französisches Café. Hier werden hausgemachte süße und herzhafte, vegetarische und vegane Tartes sowie Salate, Kaffeespezialitäten und französische Getränke serviert.

Öffnungszeiten: Di-Sa 11-19 Uhr
Adresse: Kleine Brückenstr. 3 | 60594 Frankfurt am Main
T 0151 40330117 **Web:** www.facebook.com/atelierdestartes

MADAME HERRLICH

ESSEN & TRINKEN

fairtrade & sozial | bio | ökologisch up/recycle | regional | vegetarisch

Der besondere Catering-Service bietet kreative und qualitativ hochwertige Drinks, inspiriert von klassischen Cocktail-Rezepten und dem Bio-Cuisine-Style an: frische Zutaten – von Patisserie bis Kräuter-Garten – saisonal und regional. Verwendet werden ausschließlich Markenspirituosen, hausgemachte Sirups, frischgepresste Säfte und Zutaten aus der Bio-Küche. In Sachsenhausen sind sie samstags mit ihrem Stand beim „Markt im Hof".

Öffnungszeiten: Nur Catering
Adresse: Wallstr. 22 | 60594 Frankfurt am Main **T** 069 13390798
Web: www.madameherrlich.de | www.facebook.com/madameherrlich

ALNATURA

LEBENSMITTEL & TÄGLICHER BEDARF

fairtrade & sozial | bio | ökologisch up/recycle | vegetarisch | vegan | barrierefrei

Dieser übersichtliche und gut sortierte Bio-Supermarkt bietet neben einer großen Auswahl an regionalen, frischen Bio-Lebensmitteln auch Kosmetika und Kindernahrung sowie Bekleidung an.

Öffnungszeiten: Mo-Sa 8-21 Uhr
Adresse: Schweizer Str. 80 | 60594 Frankfurt am Main
T 069 60627742
Adresse: Hedderichstr. 47-49 | 60594 Frankfurt am Main
T 069 60504418
Web: www.alnatura.de | www.facebook.com/Alnatura

GÄRTNEREI STOLL

LEBENSMITTEL & TÄGLICHER BEDARF

fairtrade & sozial | bio | regional | barrierefrei

Gemüse und Obst gibt es natürlich in dieser Gärtnerei. Daneben kann man aber auch normale Pflanzen kaufen und sich beraten lassen. Eine Spezialität darunter sind die englischen Duftrosen, die sie auch auf dem Wochenmarkt verkaufen.

Öffnungszeiten: Wochenmarkt in Oberrad oder nach telefonischer Absprache
Adresse: Im Bärengarten 1 | 60599 Frankfurt
T 069 47860999 | **Web:** www.gaertnerei-stoll.de
www.facebook.com/Gärtnerei-Stoll

GEMÜSE-GÄRTNEREI BÄRENGARTEN

LEBENSMITTEL & TÄGLICHER BEDARF

fairtrade & sozial | bio | ökologisch up/recycle | regional | vegetarisch | vegan | barrierefrei

Neben frischem, selbst angebauten Obst und Gemüse ist die Gärtnerei bekannt für ihre Kräuter, speziell die Grüne-Soße-Kräuter. Wer zu weit weg wohnt, kann auch einen Lieferservice in Anspruch nehmen.

Öffnungszeiten: Mo-Do 9-16 Uhr, Fr 10-18 Uhr
Adresse: Im Bärengarten 5 | 60599 Frankfurt | **T** 069 652952
Web: www.baerengarten-frankfurt.de

GRÜNKERN NATURKOST

LEBENSMITTEL & TÄGLICHER BEDARF

bio | regional | vegetarisch | vegan

Der traditionsreiche Bio-Laden bietet Lebensmittel, Brot und Backwaren, Molkereiprodukte, Obst und Gemüse, Tofu und Snacks, Getränke und Wein sowie Kosmetik aus kontrolliert biologischem Anbau an. Außerdem gibt es ein Bistro mit täglich wechselnden Gerichten, frisch zubereitet aus Gemüse der Saison, Quiches und Salaten sowie Kaffee und Kuchen.

Öffnungszeiten: Mo-Fr 9-18:30 Uhr, Sa 9-13:30 Uhr
Adresse: Stegstr. 59 | 60594 Frankfurt am Main
T 069 627649 | **Web:** www.gruenkern-naturkost.de

KAISER - IHRE BIOBÄCKEREI

LEBENSMITTEL & TÄGLICHER BEDARF

bio | regional | vegetarisch | vegan

Die Bäckerei stellt in Handarbeit frische Backwaren mit Zutaten aus kontrolliert biologischen Anbau her. Auf der Internetseite stellen sie sehr transparent die Zutaten der Backwaren dar. Es gibt mehrere Filialen in Frankfurt.

Öffnungszeiten: Mo-Fr 7-19 Uhr, Sa 7-14 Uhr
Adresse: Schweizer Str. 68 | 60594 Frankfurt am Main
T 069 8700159 | **Web:** www.ihre-bio-baeckerei.de

MARKT IM HOF

LEBENSMITTEL & TÄGLICHER BEDARF

bio | regional | vegetarisch | vegan fairtrade & sozial | ökologisch up/recycle

Ob Rinder- und Schweinezüchter, Gemüsebauern aus der Region mit saisonalem Angebot, Käse-Affineure, Bio-Bäcker, Marmeladenmacherin und Mikro-Brauerei – alles ist hier zu finden. Dazu ein Food-Market, der internationale Köstlichkeiten anbietet, direkt vor den Augen in der Markthalle zubereitet. Ein Gegenentwurf zum Einkauf im Supermarkt und zum industrialisierten Nahrungsmittel-Einerlei.

Öffnungszeiten: Sa 10-17 Uhr

Adresse: Wallstr. 11 | 60594 Frankfurt am Main **T** 0176 56959658

Web: www.marktimhof.de | www.facebook.com/marktimhof

SOMMER APERITIVO

LEBENSMITTEL & TÄGLICHER BEDARF

bio | regional | vegetarisch | vegan | barrierefrei

Am Freitagabend versammeln sich fünf Stände im Markt im Hof. Unter anderem der Food Truck Hessen Döner mit einem Döner aus regionalen Zutaten. Neben hausgemachten Limonaden und Eistees wird man unter anderem auch Gin Basil Smash oder Rosmarin Gin Tonic in recycelten Aluminium-Dosen und Einmachgläsern erhalten.

Öffnungszeiten: Freitag 17-21 Uhr

Adresse: Wallstr. 9-13 | 60594 Frankfurt am Main

Web: www.marktimhof.de | www.facebook.com/sommeraperitivo

WOCHENMARKT (SÜDBAHNHOF)

LEBENSMITTEL & TÄGLICHER BEDARF

bio | regional | barrierefrei

Die 24 Marktstände bieten sowohl Anwohnern als Pendlern an zwei Tagen in der Woche eine große Auswahl an frischen Lebensmitteln. Im Produktportfolio finden sich auch diverse Bio-Produkte, wie Eier und Backwaren.

Öffnungszeiten: Di + Fr 8-18 Uhr

Adresse: Diesterwegplatz | 60594 Frankfurt am Main

SACHSENHÄUSER BAUERNMARKT

LEBENSMITTEL & TÄGLICHER BEDARF

bio | ökologisch up/recycle | regional | barrierefrei

Am Ziegelhüttenplatz.

Der Wochenmarkt hat Angebote von Bauern aus der Region, Wurst- und Fleischwaren, Käse, Gemüse, Wein und Süßspeisen.

Öffnungszeiten: Sa 9-13:30 Uhr
Adresse: Mörfelder Landstr. 128 | 60598 Frankfurt am Main
T 061 677218 | **Web:** www.bauern-hessen.de

REFORMHAUS FREYA

LEBENSMITTEL & TÄGLICHER BEDARF

fairtrade & sozial | bio | vegetarisch | vegan | plastikfrei

Kompetente Beratung in den Bereichen Ernährung, Gesundheit und Naturkosmetik bieten die geschulten Fachberater des Reformhauses Freya. Neben hochwertigen Bio-Lebensmitteln und Spezialprodukten für Allergiker erhält man hier über 1.200 Produkte für die vegane Ernährung.

Öffnungszeiten: Mo-Fr 9-18:30 Uhr, Sa 9-14 Uhr
Adresse: Schweizer Str. 18 | 60594 Frankfurt am Main
T 069 61990946 | **Adresse:** Textorstr. 10 | 60594 Frankfurt am Main
T 069 629145 | **Web:** www.reformhaus-freya.de

OXFAM-SHOP

KLEIDUNG, KOSMETIK & CO

fairtrade & sozial | ökologisch up/recycle

In diesem gut sortiertem Laden kann man seine gebrauchte aber noch tragbare Kleidung spenden, die dann dort geprüft und weiterverkauft wird. Vor Ort wird man von freundlichen Verkäuferinnen gerne beraten. Die Preise sind etwas teurer als in anderen Secondhand-Geschäften, doch der Erlös fließt in verschiedene Oxfam Projekte.

Öffnungszeiten: Mo-Fr 10-19 Uhr, Sa 10-15 Uhr
Adresse: Schweizer Str. 57 | 60594 Frankfurt am Main
T 069 60504148
Web: www.oxfam.de/shops/frankfurt-sachsenhausen-fashion

ORGANIC NEVI

regional | bio | fairtrade & sozial | kinderfreundlich

Hier findet man biologische und gleichzeitig trendige Kleidung für Babys und Kleinkinder. Ebenfalls findet man einfallsreiche und vor allem sinnvolle ökologische Geschenke zu Geburt, Taufe oder Geburtstag.

Öffnungszeiten: Di - Fr 11:00 - 19:00 Uhr, Sa 11:00 - 17:00 Uhr
Adresse: Wallstrasse 26 | 60594 Frankfurt am Main
T 069 34 70 06 47 | **Web:** www.organic-nevi.de

Im Gespräch mit…

MIRIAM WAGNER UND JANNIS BORGERS

Gründer des Designstudios IMMERWIEDER DESIGN

Stellt uns euer Projekt vor. Was macht ihr?

IMMERWIEDER DESIGN ist ein Designstudio. Wir unterstützen Unternehmen und Vereine, die sich auf neue Wege begeben wollen. Das umfasst das Corporate Design, die Markenentwicklung für Dienstleistungen und Produkte sowie deren Umsetzung, z. B. in Form von Websites, Magazinen und Apps. Wir sind ein kleines, in viele Richtungen vernetztes Team.

Wie kamt ihr auf die Idee?

In kleinen und mittleren Unternehmen gibt es viele kluge Köpfe, die über den Tellerrand hinausschauen, bestehende Probleme erkennen und Ideen für deren Lösung entwickeln. Woran es häufig scheitert, ist eine wirkungsvolle, zeitgemäße Umsetzung. Wir haben während der Arbeit an Kundenprojekten viele Beispiele dafür erlebt. Als wir dies bei unseren Kunden ansprachen und empfahlen, das Ganze gemeinsam anzugehen, waren sie sofort begeistert. Moderne Methoden, die in Start-ups Gang und Gebe sind, können so schnell zu einem messbaren Ergebnis führen.

Bei einem unserer ersten Projekte, ein Mitgliedermagazin eines Selbsthilfe-Vereins für Eltern behinderter Kinder, wurde uns klar, wie sehr auch Vereine auf professionelle Hilfe bei der Umsetzung ihres Marketings angewiesen sind. Hier müssen Spendenaufrufe effektiv gestaltet werden, der Messeauftritt muss sich von der Masse abheben und seien wir ehrlich: Vereins-Websites sind oft veraltet und selten ein Paradebeispiele für benutzerfreundliche Bedienung. Natürlich arbeitet ein Verein mit ganz anderen Mitteln als ein gewinnorientiertes Unternehmen. Und gerade hier lohnt sich die zielgerichtete Arbeit mit schlanken Workflows. Die Konkurrenz schläft auch in der Vereinswelt nicht. Wie effektiv Non-Profit-Organisationen sein können, sieht man seit Jahren in UK und den USA.

Was waren die Startschwierigkeiten und wie seid ihr damit umgegangen?

Im Mittelstand besteht eine große Angst vor Neuem. Das kommt vom fehlenden Kontakt mit dem jeweiligen großen Unbekannten und erfordert einiges an Grundlagenarbeit, um Verständnis zu wecken und Alternativen aufzuzeigen.

Kurzum: Es braucht Zeit! Wir haben uns langsam und stückchenweise mit kleineren Projekten den großen Problemen genähert. Das erforderte viel Durchhaltevermögen – und hat bei uns auch zum Verlust von Kunden geführt, die sich mit der neuen Arbeitsweise nicht anfreunden konnten. Mittlerweile bedanken sich die Projektverantwortlichen für unsere Beharrlichkeit und das Feedback der Endnutzer lautet oft „Ich hätte es ja nicht gedacht, aber das ist viel besser als vorher!"

Was bedeutet Nachhaltigkeit für euch?

In unserer Arbeit: wenig Show, viel Inhalt! Des Weiteren die notwendige Fähigkeit, sich in den Menschen hineinzuversetzen, der das „Ding" letztlich benutzen soll. Unsere Arbeit dient immer dem Ziel, Menschen einander näherzubringen und sie sich gegenseitig helfen zu lassen. Diese Tatsache nicht aus den Augen zu verlieren, ist uns bei jedem Projekt wichtig.

Im Privatleben bedeutet Nachhaltigkeit vor allem eines: Verzicht an den richtigen Stellen. Das bedeutet auch für Markenmacher, große Marken kritisch zu hinterfragen. Miriam backt nach eingehender Recherche zum Thema Bäckereiindustrie seit letztem Jahr eigenes Brot, natürlich ohne Triebmittel und andere Zusatzstoffe, mit Mehl von einem nachhaltig geführten Mühlenbetrieb. Da dies sehr aufwendig ist und für einen Laib Brot nicht lohnen würde, gehen drei von vier Broten immer in den Freundeskreis – so entstand das Projekt „Broterich". Regionalität und Sharing-Economy sind wichtige Trends, die wir versuchen zu leben.

Wie seht ihr die aktuelle gesellschaftliche Situation? Was läuft schief, was gibt Hoffnung?

Eine der beunruhigendsten Entwicklungen für uns ist der wachsende Fremdenhass und die Verbreitung einer Weltanschauung, die der jahrzehntelangen Arbeit verschiedener sozialer Bewegungen spürbar zusetzt. Es ist traurig, welche hasserfüllten Aufrufe in den sozialen Netzwerken die Runde machen und dort bereitwillig vermehrt werden.

Hoffnung sehen wir aber an genau dieser Stelle: Zivilcourage ist auch online das wichtigste Mittel gegen radikale, diskriminierende und gewalttätige Strömungen. Und wir merken, wie immer mehr Menschen, vor allem in unserer Trotz nachgesagten Generation Y, nicht mehr still sitzen.

IMMERWIEDER DESIGN
Karlstraße 22
65185 Wiesbaden

0611 - 23 68 51 40
mail@immerwiederdesign.de

www.immerwiederdesign.de

APOTHEKE

Stadtteil:

GALLUS / GUTLEUTVIERTEL

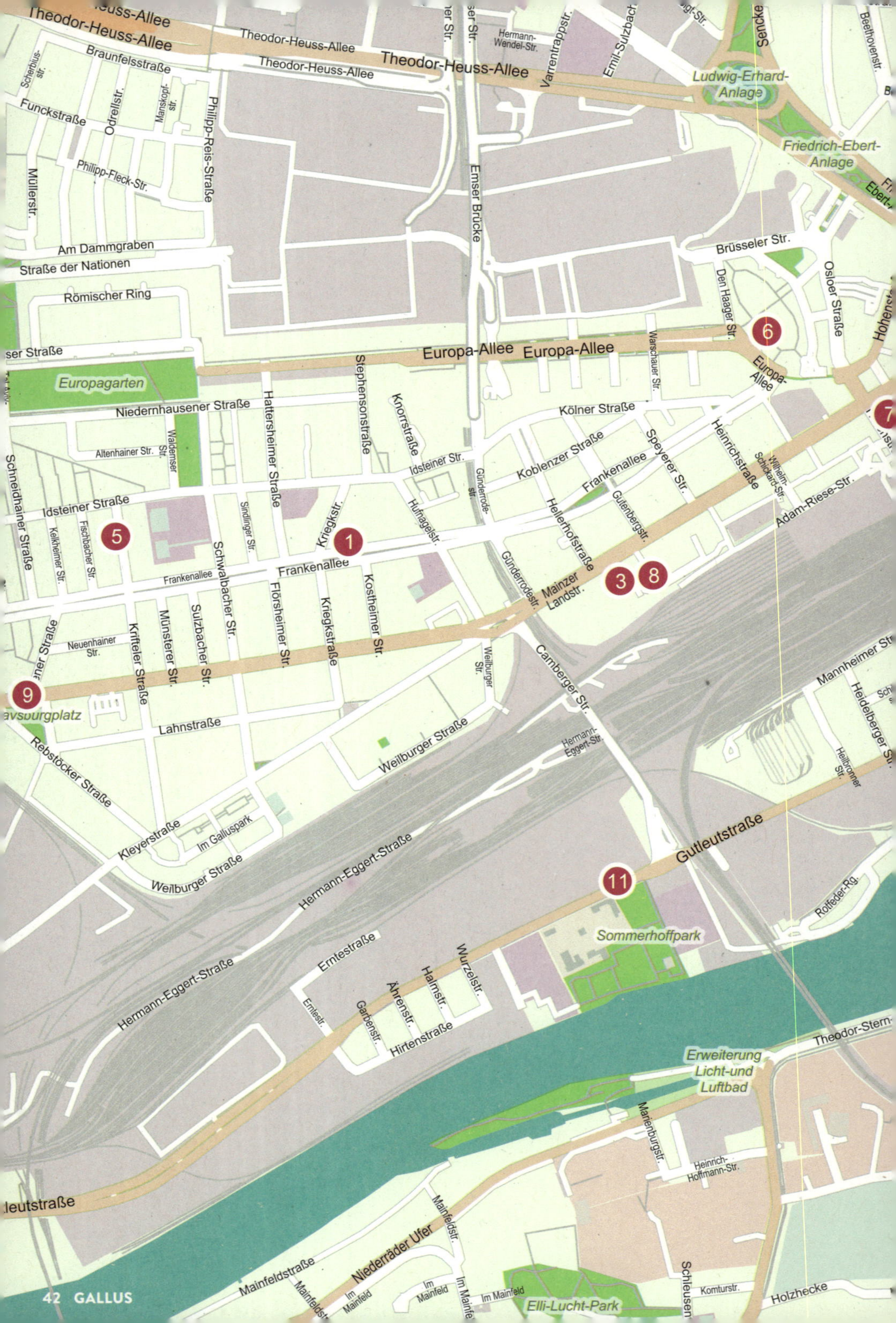
Theodor-Heuss-Allee
Braunfelsstraße
Scherbius-str.
Funckstraße
Odrellstr.
Manskopf-str.
Philipp-Reis-Straße
Philipp-Fleck-Str.
Müllerstr.
Am Dammgraben
Straße der Nationen
Römischer Ring
Emser Brücke
Emser Str.
Hermann-Wendel-Str.
Varrentrappstr.
Emil-Sulzbach
Senckenberganlage
Ludwig-Erhard-Anlage
Friedrich-Ebert-Anlage
Beethovenstr.
Brüsseler Str.
Den Haager Str.
Osloer Straße
Warschauer Str.
Europa-Allee
Europagarten
Niedernhausener Straße
Waldemser Str.
Altenhainer Str.
Schneidhainer Straße
Idsteiner Straße
Kelkheimer Str.
Fischbacher Str.
Sindlinger Str.
Hattersheimer Straße
Stephensonstraße
Knorrstraße
Idsteiner Str.
Günderrodestr.
Kölner Straße
Koblenzer Straße
Frankenallee
Speyerer Str.
Heinrichstraße
Wilhelm-Schickard-Str.
Adam-Riese-Str.
Gutenbergstr.
Hellerhofstraße
Mainzer Landstr.
Hufnagelstr.
Kriegkstr.
Kriegkstraße
Kostheimer Str.
Flörsheimer Str.
Sulzbacher Str.
Münsterer Str.
Schwalbacher Str.
Krifteler Straße
Neuenhainer Str.
Weilburger Str.
Weilburger Straße
Camberger Str.
Hermann-Eggert-Str.
Hermann-Eggert-Straße
Lahnstraße
Rebstöcker Straße
Kleyerstraße
Im Galluspark
Mannheimer Str.
Heidelberger Str.
Heilbronner Str.
Gutleutstraße
Rotfeder-Rg.
Sommerhoffpark
Erntestraße
Erntestr.
Garbenstr.
Ährenstr.
Halmstr.
Wurzelstr.
Hirtenstraße
Theodor-Stern-Kai
Erweiterung Licht-und Luftbad
Marienburgstr.
Heinrich-Hoffmann-Str.
Mainfeldstr.
Niederräder Ufer
Mainfeldstraße
Im Mainfeld
Elli-Lucht-Park
Schleusenstr.
Komturstr.
Holzhecke
1
3
5
6
7
8
9
11

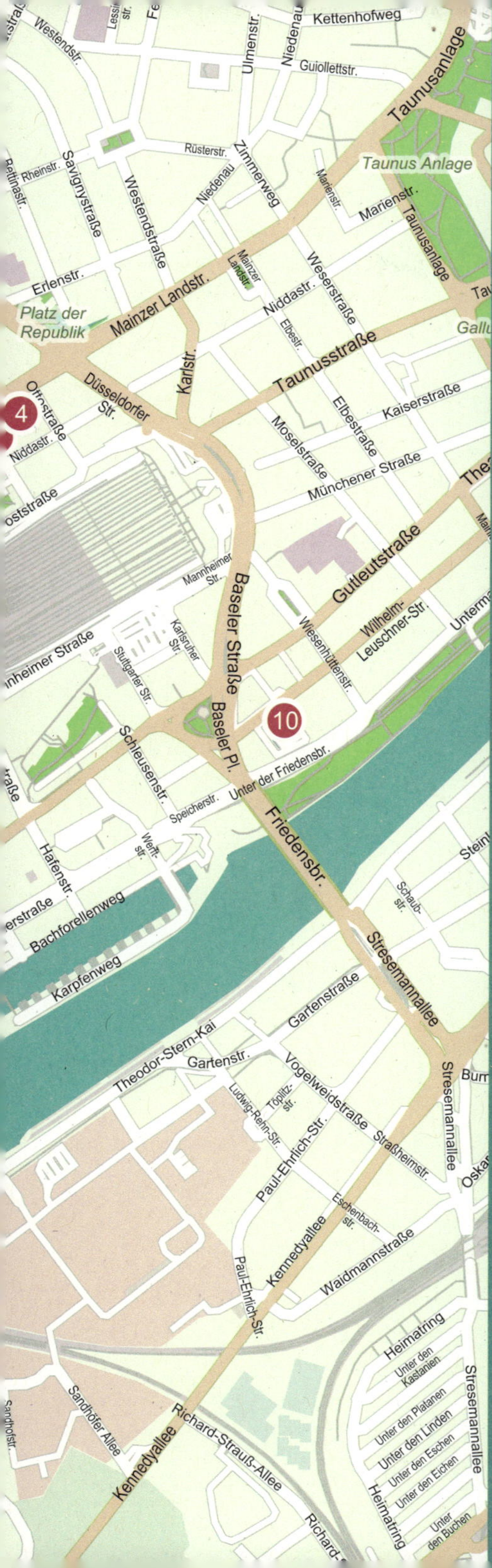

1. *Beste Freunde*
2. *kleine Anna*
3. *Basaglia Bio Kaffee Rösterei*
4. *Freitagsküche*
5. *Kinder im Zentrum-Gallus e.V.*
6. *Früchte Akin*
7. *Saraypastanesi*
8. *Kinderwagen-Bio-Reinigung*
9. *Neufundland Frankfurt*
10. *DGB Jugendclub U 68*
11. *Krempa.s - Cafe & Bistro*

BESTE FREUNDE

ESSEN & TRINKEN

regional | vegetarisch | kulturelles konzept

Wechselnde Gerichte mit regionalen und saisonalen Zutaten, immer auch vegetarisch, aber nicht ausschließlich, Mandel- und Sojamilch, manchmal vegane Gerichte, Bier von Braustil-Brauerei; jeden 2. und 4. Freitag des Monats Abendveranstaltungen: Themen-Kochabende, Ausstellungen

Öffnungszeiten: Di-Fr 10:30-18:30 Uhr, 3. So im Monat 11-18:30 Uhr
Adresse: Kriegkstr. 50 | 60326 Frankfurt am Main
T 069 37408163 | **Web:** www.bestefreunde-ffm.de
www.facebook.com/bestefreundefrankfurt

KLEINE ANNA

ESSEN & TRINKEN

bio | vegetarisch

Wer Butterbrot mit Salami und Gürkchen erwartet, ist auf dem Holzweg. Knusprige Röstbrote mit Möhrencurry oder Schwarzer-Oliven-Paste stehen auf der Speisekarte der charmanten Tagesbar. Dazu gibt es einen täglich wechselnden Nachtisch und ein kleines, einfaches Frühstück.

Öffnungszeiten: Mo-Fr 9-16 Uhr
Adresse: Mainzer Landstr. 111 | 60329 Frankfurt | **T** 069 45094894
Web: www.kleineanna.de | www.facebook.com/Kleine-Anna/

BASAGLIA BIO KAFFEE RÖSTEREI

ESSEN & TRINKEN

fairtrade & sozial | bio

Das basaglia besteht aus Cafe und Rösterei. Beide haben ihren Standort in Frankfurt und sind ein Projekt des Frankfurter Vereins für soziale Heimstätten e.V.

Öffnungszeiten: Mo-Fr 8-17 Uhr
Adresse: Mainzer Landstr. 233 | 60326 Frankfurt
T 069 739436718 | **Web:** www.cafebasaglia.de

FREITAGSKÜCHE

ESSEN & TRINKEN

bio | regional | kulturelles konzept

Alle Speisen hier werden aus regionalen und biologisch vertretbaren Lebensmitteln täglich frisch zubereitet. Dazu kochen jeden Freitag wechselnde Gastköche.

Öffnungszeiten: Mo-Do 11:30-17:30 Uhr, Fr 11:30-14 und 19-0 Uhr
Adresse: Mainzer Landstr. 105 | 60329 Frankfurt
Web: www.freitagskueche.de
www.facebook.com/frankfurt.freitagskuche

KINDER IM ZENTRUM-GALLUS E.V.

ESSEN & TRINKEN

bio | vegetarisch | kinderfreundlich | kulturelles konzept

Der gemeinnützige Verein engagiert sich für Integration, Chancengleichheit und Bildungsgerechtigkeit. Dabei betreibt er ein hauseigenes gemütliches Bio-Restaurant mit Spiel- und Leseecke.

Öffnungszeiten: Verwaltung: Mo-So 9-18 Uhr,
Restaurant: Mo-Fr 8:30-17 Uhr
Adresse: Idsteiner Str. 91 | 60326 Frankfurt am Main
T 069 75846666 | **Web:** www.kiz-gallus.de

FRÜCHTE AKIN

LEBENSMITTEL & TÄGLICHER BEDARF

ökologisch up/recycle | regional | vegetarisch | vegan | barrierefrei

Der Obst- und Gemüsehandel befindet sich im Skyline-Plaza, der Shoppingmall im Europa-Viertel. Es werden ökologisch angebaute Obst- und Gemüsearten vertrieben.

Öffnungszeiten: Mo-Mi 10-20 Uhr, Do-Sa 10-21 Uhr
Adresse: Europa-Allee 6 | 60327 Frankfurt am Main
T 069 94944625

SARAYPASTANESI

LEBENSMITTEL & TÄGLICHER BEDARF

bio | vegetarisch

Traditionelles Backhandwerk, beste Zutaten und vielfältige, frische Produkte garantieren leckere Backwaren, die zur gesunden Ernährung beitragen. Dabei wird auf Bio-Qualität geachtet und sowohl auf Geschmacksverstärker als auch Konservierungsstoffe verzichtet.

Öffnungszeiten: Mo-So 6-20 Uhr
Adresse: Mainzer Landstr. 131 | 60327 Frankfurt am Main
T 069 24249799
Web: www.saraypastanesi.de

KINDERWAGEN-BIO-REINIGUNG

SONSTIGES

bio | ökologisch up/recycle | barrierefrei | kinderfreundlich

Hier werden Kinderwagen und Kinder-Autositze gereinigt. Das Besondere: die Reinigung erfolgt durch Dampfbehandlung und mit biologisch abbaubaren Lösungsmitteln.

Öffnungszeiten: Mo-Fr 8-17 Uhr, Sa 9-15 Uhr
Adresse: Mainzer Landstr. 225-227 | 60326 Frankfurt am Main
T 0160 5555579
Web: www.kinderwagen-reinigung.de

NEUFUNDLAND FRANKFURT

SONSTIGES

fairtrade & sozial | ökologisch up/recycle | regional

Das Secondhand-Kaufhaus Neufundland bietet günstige Möbel, Einrichtungsstücke und Haushaltsgeräte. Jedes Teil ist ein Unikat. Elektrogeräte stammen aus dem Recyclingzentrum Frankfurt und wurden von hauseigenen Elektromeistern repariert. Neufundland bietet den Service an, gut erhaltene Gebrauchtmöbel kostenlos zur Wiederverwertung abzuholen.

Öffnungszeiten: Mo-Fr 10-18 Uhr, Sa 10-16 Uhr
Adresse: Mainzer Landstr. 405 | 60326 Frankfurt am Main
T 069 26498974
Web: www.neufundland-frankfurt.de

DGB JUGENDCLUB U 68

ESSEN & TRINKEN

vegetarisch | vegan | barrierefrei

Dieses soziale Zentrum besitzt ein veganes Cafe, in dem Kuchen, Waffeln und Törtchen angeboten werden. Nebenbei werden Integration und Gleichberechtigung gefördert.

Öffnungszeiten: Mo-Fr 17-22 Uhr
Adresse: Wilhelm-Leuschner-Str. 69-77 | 60329 Frankfurt am Main
T 069 27300578
Web: www.facebook.com/DgbJugendclubU68

KREMPA.S - CAFE & BISTRO

ESSEN & TRINKEN

fairtrade & sozial | bio | vegetarisch | vegan | barrierefrei

Dies ist nicht nur ein Café, sondern auch ein Bistro und eine Begegnungsstätte im Johanna-Kirchner-Altenhilfezentrum mit gepflegter Terrasse. Hier treffen sich Bewohnerinnen und Bewohner, Angehörige, Gäste und Mitarbeiter gleichermaßen, tauschen sich aus und genießen Speisen und Getränke von der umfangreichen Karte.

Öffnungszeiten: Mi 14 -17 Uhr, Do 14-19:30 Uhr, Fr-So 14-17:30 Uhr
Adresse: Gutleutstr. 319 | 60327 Frankfurt am Main
T 069 27106190 | **Web:** www.awo-frankfurt.com

Frankfurt Green City
www.frankfurt-greencity.de

Herausgeber
Stadt Frankfurt am Main
Dezernat Umwelt und Gesundheit

Redaktion
Stadt Frankfurt am Main
Umweltamt, Umweltkommunikation
Galvanistraße 28
60486 Frankfurt am Main
Telefon +49 (0) 69 212 39100
Telefax +49 (0) 69 212 39140

umwelttelefon@stadt-frankfurt.de
www.umweltamt.stadt-frankfurt.de

Stellen Sie uns doch kurz Ihr Projekt vor. Was ist „Green City Frankfurt"?

Wir bieten damit ein gemeinsames Dach für alle, die in vielen Bereichen des Umweltschutzes etwas zum Positiven verändern möchten. Die Green City greift die besten Traditionen Frankfurts auf - vom Stadtwald und den Streuobstwiesen über die Grüne Soße bis zu den Volksparks – und verbindet sie mit innovativen Lösungen wie dem Passivhaus. Es gibt in jedem Bereich schon viele Initiativen, die Green City bringt sie alle in Kontakt miteinander, so wie Ihr Green City Guide.

Wie kamen Sie auf die Idee?

Frankfurt hat sich 2012 als Europäische Umwelthauptstadt beworben. Dafür haben wir in der Stadt erstmals alle Daten und Pläne zusammengestellt, die sich mit einer nachhaltigen Entwicklung aus-

Im Gespräch mit...

STADTRÄTIN ROSEMARIE HEILIG

über Green City Frankfurt

einandersetzen. Es zeigte sich, dass die städtischen Ämter am selben Strang ziehen, aber sich noch viel besser austauschen sollten. Auch in einer Green City gibt es immer mal wieder Konflikte, das fängt schon bei der Frage an, wie man einen Fahrrad-Schnellweg durch den Wald führen kann. Mit einer integrierten Stadtplanung möchten wir solche Konflikte ausbalancieren, um das Wachstum Frankfurts in umweltfreundliche Bahnen zu lenken.

Was waren die Startschwierigkeiten und wie sind Sie damit umgegangen?

Eine große Hypothek war die neue Landebahn am Flughafen. Überhaupt ist der Lärm eines der schwierigsten Umweltprobleme. Es gibt sehr viele Lärmquellen in der Stadt, vom Verkehr bis zum Partylärm. Es gibt auch viele Lärmproteste, aber noch wenig Forschung, wie man den Lärm im Alltag besiegen könnte. Eine grüne Stadt muss auch leiser werden.

Was bedeutet Nachhaltigkeit für Sie?

Viel Arbeit! Zu einer zukunftsfähigen Stadt gehören für mich vor allem der Klimaschutz, der Erhalt der Grünflächen und eine höhere Aufenthaltsqualität in der Stadt insgesamt.

Was ist Ihr Lieblingsort in Frankfurt? Haben Sie einen Geheimtipp?

Ehrlich gesagt habe ich viele Lieblingsorte, einer ist natürlich das Mainufer. Ich bin gerne auf dem Holbeinsteg und schaue auf die Skyline der Mainmetropole. Mein Geheimtipp ist das Petrihaus im Brentanopark und dort der Platz unter dem ältesten Ginkgo der Stadt.

Wie sehen Sie die aktuelle gesellschaftliche Situation? Was läuft schief, was gibt Hoffnung?

Wir leben in einer sehr spannenden Übergangszeit, in der jede/r einzelne viel bewirken kann. Ich glaube, das alte fossile Energiesystem wird schneller zusammenbrechen, als es sich die Kohle- Öl- und Automobilkonzerne vorstellen können. Für die globale Landwirtschaft bin ich nicht so optimistisch. Was wir essen hat ungeheure Auswirkungen auf das Klima und die Artenvielfalt. Ich hoffe, unser Wochenmarkt überlebt TTIP und CETA.

Und im speziellen Bezug auf Frankfurt?

Frankfurt hat sich in den letzten 25 Jahren zu einer wunderbar grünen Stadt mit hoher Lebensqualität entwickelt. Und die Bürgerinnen und Bürger sind sehr kreativ und engagiert. Wir werden uns auch die Straßen zurückerobern und das Auto nicht vermissen.

CAFÉ AM KIRCHPLAT
PREMIERE
SPORTSBAR

Stadtteil:

BOCKENHEIM

Knöterichweg
Ginnheimer Landstraße
Franz-Rücker-Allee
Zeppelinallee
Lilienthalallee
Frauenlobstr.
Frauenlobstraße
Miquelallee
Broßstraße
Georg-Speyer-Str.
Cretzschmarstraße
Ditmarstr.
Am Leonhardsbrunn
Botanischer Garten der Universität
Bockenheimer Wiesenweg
Ginnheimer Straße
Bernusstraße
Konrad-Broßwitz-Str.
Mulai
Grempstr.
Florastraße
Metzstr.
Basaltstraße
Sophienstraße
Hans-Sachs-Str.
Blanchardstr.
Schloßstr.
Fritzlarer Str.
Rödelheimer Str.
Grempstraße
Appelsg.
Marburger Str.
Falkstraße
Palmengarten
Friesenig.
Jordanstraße
Juliusstr.
Ludolfusstr.
An den Bangerten
Salvador-Allende-Str.
Hersfelder Str.
Mühlgasse
Otto-Loewe-Str.
Grüneburg
Siesmayerstraße
Rossertstr.
Kasernenstraße
Von-Bernus-Park
Schwälmer Str.
Kurfürstenstr.
Große Seestraße
Sophienstraße
Werrastr.
Schloßstraße
Kurfürstenpl.
Clemensstr.
Gräfstraße
Ederstr.
Kurfürstenpl.
Landgrafenstr.
Bockenheimer Landstr.
Bockenheimer Landstraße
Galvanistr.
Kasseler Str.
Adalbertstraße
Adalbert-str.
Schumannstraße
Jügelstr.
Schwindstr.
Kreuznacher Straße
Pfingstbrunnenstr.
Hamburger Allee
Nauheimer Str.
Kiesstraße
Gräfstraße
Mertonstraße
Jungstr.
Schubertstr.
Senckenberganlage
Arndtstraße
Galvanistr.
Robert-Mayer-Str.
Corneliusstr.
Voltastraße
Kuhwaldstr.
Kreuznacher Str.
Schloßstr.
Emil-Sulzbach-Straße
Georg-Voigt-Str.
Beethovenstr.
Kettenhofweg
Franklinstraße
Lise-Meitner-Straße
Emser Str.
Westendstraße
Mendelssohnstraße
Allee
Theodor-Heuss-Allee
Hermann-Wendel-Str.
Varrentrappstr.
Beethovenstr.
Theodor-Heuss-Allee
Ludwig-Erhard-Anlage
Manskopfstr.
Philipp-Reis-Straße
Bettinapl.
Friedrich-Ebert-Anlage
Rheinstr.
Bettinastr.
Friedrich-Ebert-Anlage
Emser Brücke
Brüsseler Str.
Den Haager Str.
Osloer Straße
Hohenstaufenstr.
Platz d
Repub
Europa-Allee
Stephensonstraße
Knorrstraße
Warschauer Str.
Ludwigstraße
Ottostraße
Niddastr.
Hattersheimer Straße
Kölner Straße
Koblenzer Straße
Idsteiner Str.
Waldemser Str.
Speyerer Str.
Frankenallee
Heinrichstraße
Wilhelm-Schickard-Str.
Hafenstraße
Rudolfstraße
Poststraße
Günderrodestr.
Gutenbergstr.
Adam-Riese-Str.
Hufnagelstr.
Sindlinger
13
12
14
9
10
5
4
11
1
2
6
8
3

1. *Alnatura*
2. *Basic*
3. *Distel Bioladen*
4. *Reformhaus Freya*
5. *Wissmüller Rösterei*
6. *Wochenmarkt Bockenheimer Warte*
7. *Bücherflohmarkt Campus Bockenheim*
8. *Buchhandlung Middle Earth*
9. *Harry Hansen AWO-Kleiderstube*
10. *Joel Fourier und Daniela Damm*
11. *Maas-Natur*
12. *Oxfam-Shop*
13. *Re-Cover*
14. *Bauernladen*

ALNATURA

LEBENSMITTEL & TÄGLICHER BEDARF

fairtrade & sozial | bio | ökologisch up/recycle | vegetarisch | vegan | barrierefrei

Dieser übersichtliche und gut sortierte Bio-Supermarkt bietet neben einer großen Auswahl an regionalen, frischen Bio-Lebensmitteln auch Kosmetika und Kindernahrung sowie Bekleidung an.

Öffnungszeiten: Mo-Sa 8-21 Uhr
Adresse: Landgrafenstr. 11 | 60486 Frankfurt
T 069 79534730 | **Web:** www.alnatura.de
www.facebook.com/Alnatura

BASIC

LEBENSMITTEL & TÄGLICHER BEDARF

fairtrade & sozial | bio | ökologisch up/recycle | regional | vegetarisch | vegan | barrierefrei | kinderfreundlich

Der gut ausgestattete Bio-Supermarkt verfügt über alles, was das tägliche Leben bedarf. Darüber hinaus gibt es vor Ort einen Imbiss mit Sitzgelegenheiten, bei dem man Pasta und Pizza essen oder mitnehmen kann. Eine Bäckerei bietet außerdem allerlei Snacks und warme Getränken an.

Öffnungszeiten: Mo-Sa 8-21 Uhr
Adresse: Leipziger Str. 11-11c | 60487 Frankfurt
T 069 71675870 | **Web:** www.basicbio.de

DISTEL BIOLADEN

LEBENSMITTEL & TÄGLICHER BEDARF

bio | regional | vegetarisch | vegan

Der Distel Bioladen wirkt wie ein Vorstadtsupermarkt in japanischem Flair. Von Wein über Öl, Nudeln, Obst, Gemüse und Kosmetika - alle vorrätig in kleinen Mengen. An manchen Artikeln hängen die japanischen Bezeichnungen, außerdem kennzeichnen bunte Punkte laktosefreie, glutenfreie und vegane Lebensmittel. Zu empfehlen ist der Kaffee zum Mitnehmen!

Öffnungszeiten: Mo-Fr 11-19:30 Uhr, Sa 10-17 Uhr
Adresse: Homburger Str. 17 | 60486 Frankfurt
T 069 71712977 | **Web:** www.distelbioladen-frankfurt.jimdo.com
www.facebook.com/Distel-Bioladen

REFORMHAUS FREYA

LEBENSMITTEL & TÄGLICHER BEDARF

fairtrade & sozial | bio | regional | vegetarisch | vegan | barrierefrei | plastikfrei

Kompetente Beratung in den Bereichen Ernährung, Gesundheit und Naturkosmetik bieten die geschulten Fachberater des Reformhauses Freya. Neben hochwertigen Bio-Lebensmitteln und Spezialprodukten für Allergiker erhält man hier über 1.200 Produkte für die vegane Ernährung.

Öffnungszeiten: Mo-Fr 8:30-19 Uhr, Sa 9-18 Uhr
Adresse: Leipziger Str. 30 | 60487 Frankfurt
T 069 70791686 | **Web:** www.reformhaus-freya.de

WISSMÜLLER RÖSTEREI

LEBENSMITTEL & TÄGLICHER BEDARF

fairtrade & sozial | barrierefrei

Der kleine Familienbetrieb bietet mit eingehender Beratung nicht nur verschiedene Kaffeebohnen zum Mitnehmen an, sondern auch Kaffee und Kuchen zum dort verzehren. Im gemütlichen Café-Ambiente im Hinterhof kann man frisch aufgebrühten Kaffee zu fairen Preisen genießen. Zudem haben sie auch Honig, Tee, Kakao und vieles anderes im Angebot.

Öffnungszeiten: Mo-Fr 10-18:30 Uhr, Sa 9-15 Uhr
Adresse: Leipziger Str. 39 | 60487 Frankfurt
T 069 771881 | **Web:** www.kaffeeroesterei-wissmueller.de

WOCHENMARKT BOCKENHEIMER W.

LEBENSMITTEL & TÄGLICHER BEDARF

fairtrade & sozial | bio | ökologisch up/recycle | regional | vegetarisch | vegan | barrierefrei

Der 1988 gegründete Wochenmarkt findet jeden Donnerstag statt. Die Stände bieten so ziemlich alles an. Gemüse und Obst kommen überwiegend von regionalen Bauern aus biologischem Anbau. Auch Blumen gibt es aus eigenen Anbau. Mehrere Stände bieten leckere warme Gerichte an, die vor allem während der Mittagszeit beliebt sind.

Öffnungszeiten: Do 8-18 Uhr
Adresse: Bockenheimer Warte | 60486 Frankfurt

BÜCHERFLOHMARKT CAMPUS BOCKENH. KLEIDUNG, KOSMETIK & CO

fairtrade & sozial | barrierefrei

An jedem Wochentag findet man hunderte von Büchern jeglicher Art verpackt in Bananenkartons ab einem Euro. Auch CDs, DVDs und weitere, allerdings wenige, Flohmarktartikel sind mittlerweile ausgelegt. Hier kann man lange stöbern. Organisiert wird das Ganze schon seit 30 Jahren von der Universität.

Öffnungszeiten: Mo-Fr ca. 10-18 Uhr
Adresse: Campus Bockenheim | 60486 Frankfurt

BUCHHANDLUNG MIDDLE EARTH KLEIDUNG, KOSMETIK & CO

ökologisch up/recycle | | bio | fairtrade & sozial

Diese „spirituelle" Buchhandlung bietet von der Bestsellerliste bis hin zu Themen wie Yoga, meditieren, gesünder leben, Lebensmittel und Basenernährung alles an. Auch Öko- und Wellnessbekleidung, Glückssteine (handgemacht), ätherische Öle und viele weitere Produkte werden in gemütlicher und ruhiger Atmosphäre angeboten.

Öffnungszeiten: Mo-Fr 10-19 Uhr, Sa 10-16 Uhr
Adresse: Landgrafenstr. 13 | 60486 Frankfurt
T 069 776779 | **Web:** www.middleearth-buchhandlung.de
www.facebook.com/Middle-Earth-Buchhandlung/

HARRY HANSEN AWO-KLEIDERSTUBE KLEIDUNG, KOSMETIK & CO

fairtrade & sozial | ökologisch up/recycle

Versteckt im einem Hinterhof im Keller, befindet sich eine tolle Gelegenheit ausrangierte Kleidung zu spenden. Intaktes und brauchbares wird dann auf Spendenbasis an jeden, vor allem an Bedürftige, weitergegeben. Die gemütlichen Räume werden von freundlichen Damen betreut und laden zum stöbern ein.

Öffnungszeiten: Di+Do 13-17 Uhr
Adresse: Leipziger Str. 42a | 60487 Frankfurt
T 069 71671963 | **Web:** www.awo-frankfurt.com/ortsvereine/ortsverein-stadtteil-a-d/bockenheim/kleiderstube-harry-hansen.html

JOEL FOURIER UND DANIELA DAMM

KLEIDUNG, KOSMETIK & CO

fairtrade & sozial | bio | ökologisch up/recycle

In ihrem gemeinsamen Ladenatelier fertigen Damm und Fourier Unikate, Kleinserien und schöne Stücke nach Kundenwunsch. Ihre zwei unterschiedlichen Arbeitsweisen und Stile ergänzen sich zu einem breiten Angebot aus Taschen und Gürteln, alles aus hochwertigen Ledern angefertigt. Auf Wunsch kommt auch biozertifiziertes, pflanzlich gegerbtes Leder aus Deutschland zum Einsatz.

Öffnungszeiten: Di-Fr 10-18 Uhr (vorher anrufen)
Adresse: Falkstr. 28 | 60487 Frankfurt
T 069 97782951 / 0175 3614847 | **Web:** www.joelfourier.de
www.facebook.com/FourierTaschen

MAAS-NATUR

KLEIDUNG, KOSMETIK & CO

fairtrade & sozial | bio | ökologisch up/recycle | barrierefrei

Der helle Verkaufsraum bildet eine freundliche Atmosphäre zum Einkaufen. Das familienbetriebene Unternehmen verkauft Kleidung, für deren Herstellung fast ausschließlich Naturfasern aus nachwachsenden Rohstoffen verwendet werden. Auch auf eine ethische und soziale Herstellung wird Wert gelegt.

Öffnungszeiten: Mo-Fr 10-19 Uhr, Sa 10-16 Uhr
Adresse: Leipziger Str. 18 | 60487 Frankfurt
T 069 77061099 | **Web:** www.maas-natur.de
www.facebook.com/maasnatur

OXFAM-SHOP

KLEIDUNG, KOSMETIK & CO

fairtrade & sozial | ökologisch up/recycle

In diesem gut sortiertem Laden kann man seine gebrauchte aber noch tragbare Kleidung spenden, die dann dort geprüft und weiterverkauft wird. Vor Ort wird man von freundlichen Verkäuferinnen gerne beraten. Die Preise sind etwas teurer als in anderen Secondhand-Geschäften, doch der Erlös fließt in verschiedene Oxfam Projekte.

Öffnungszeiten: Mo-Fr 10-19 Uhr, Sa 10-15 Uhr
Adresse: Leipziger Str. 54 | 60487 Frankfurt
T 069 24779607
Web: www.oxfam.de/shops/frankfurt-bockenheim-fashion

RE-COVER

KLEIDUNG, KOSMETIK & CO

fairtrade & sozial | ökologisch up/recycle

Ob altes Fußball-Trikot, Abitur-Shirt oder Lieblings-Band-Shirt. Hier kann man seine geliebten Motive zum Cover eines Notizbuches in verschiedenen Größen umwandeln lassen. Auf der Homepage einfach den Wunschausschnitt mittels eines Schnittmusters auswählen und alles per E-Mail zuschicken. Ein Unikat aus dem eigenen Leben.

Öffnungszeiten: nach Vereinbarung
Adresse: Basaltstr. 27 | 60487 Frankfurt
T 0178 5552040 | **Web:** www.re-cover.de
www.facebook.com/re.cover.de

BAUERNLADEN

LEBENSMITTEL & TÄGLICHER BEDARF

fairtrade & sozial | bio | ökologisch up/recycle | regional | barrierefrei

Der kleine Bauerladen bietet eine große Auswahl an Gemüse und Obst aus eigenen, biologischen Anbau an.

Öffnungszeiten: Mo-Fr: 10:30-19 Uhr, Sa: 10-18uhr
Adresse: Leipziger Straße 56 | 60487 Frankfurt

FOTO: MATZEHIELSCHER

Im Gespräch mit…

LOVIS WILLENBERG

Gründer des Heldenmarkts

Was ist der Heldenmarkt?

Der Heldenmarkt ist eine Messe für nachhaltigen Konsum. Sie wird sechs Mal im Jahr an sechs verschiedenen Orten in Deutschland veranstaltet.

Wie kamst Du auf die Idee, den Heldenmarkt zu gründen?

Ich bin eigentlich Landschaftsplaner, entschied mich aber im Studium, meiner Berufung als DJ zu folgen und parallel einen Plattenladen zu eröffnen. Mein ökologisches Herz schlug aber weiterhin und irgendwann las ich was über Turnschuhe aus 100 % Recyclingmaterial. Die sahen so cool aus, dass ich dachte: Die muss ich unbedingt haben! In Deutschland wurden sie aber nicht verkauft, also musste ich selbst als Händler tätig werden (lacht). Das war der Zeitpunkt, an dem ich mich zum ersten Mal mit Ökomode beschäftigt habe. Im Regal des Heldenmarktbüros steht noch der aus alten Tweed-Anzügen recycelte Schuh, mit dem alles begann.
Da merkte ich: Es gibt Ökosachen, die null „ökig" aussehen, sondern richtig cool. Ich versuche immer, das Besondere zu fördern. Bei der Musik war es so, dass ich die Leute vom immer selben Radiogedudel auf neue Ideen bringen wollte und bei der Ökomode ist es die Entdeckung, dass es möglich ist, für 30 € ein T-Shirt zu kaufen, das weder Menschen noch Umwelt schädigt. Das alles geschah 2006.

So fing ich an, im Plattenladen Ökolabels anzubieten. Mit der Zeit wurde der Laden einfach zu klein. Mir wurde klar, dass es eine große Lücke zwischen Angebot – das es tatsächlich gab und gibt und Nachfrage gab. Was fehlte war die komplette Infrastruktur. In meinem Viertel, dem Prenzlauer Berg gab es so viele Leute, die alle ähnliche Ideen hatten, aber noch keine Ahnung von Marketing, Pressearbeit etc. Die ganzen Kleinen mussten sich zusammentun, denn dann ist man plötzlich groß und kann einiges auf die Beine stellen. Ständig las man in der Zeitung, dass die grüne Mode boomt – aber es gab sie nirgends zu kaufen. Das musste sich ändern. Das Konzept für den Heldenmarkt als Messe für nachhaltigen Konsum entstand 2009.

Was würdest Du anderen raten, die ähnliche Ideen haben?

Nicht zu lange über alles nachzudenken. Wenn das Feuer wirklich brennt, schaffst Du es auch, andere zu entzünden.

Was bedeutet der Begriff Nachhaltigkeit für Dich?

Für mich persönlich heißt nachhaltig leben, keine Spuren zu hinterlassen, nicht mehr zu nehmen, als ich schaffe. Fast jeden Tag geben wir Geld aus und mit meinem Geld steuere ich gesellschaftliche Entwicklung. Natürlich muss ich aber auch kommerzielle Sachen kaufen. Du kannst nicht das komplett richtige Leben in dieser vermeintlich falschen Gesellschaft führen. Deshalb muss man sich aber nicht wie ein Käfer hinlegen und sagen: man kann ja eh nichts ändern, dann mache ich auch nichts.

Wie siehst Du die gesellschaftliche Situation? Was gibt Hoffnung, was läuft gut und was gänzlich schief?

Hui, heftige Frage. Schau, ich sitze hier im Prenzlauer Berg, der Insel der Glückseligen. Wenn Du hier um 9:30 durch die Straßen läufst, dann sitze alle in den Cafés, haben teure Sonnenbrillen auf, schauen ins neuste Ipad und Du denkst Dir: Denen geht es gut. Und wenn Du dann in andere Teile von Berlin gehst, sieht die Welt plötzlich ganz anders aus. Ich wohne seit 15 Jahren in dieser Straße und habe das Glück, noch einen alten Mietvertrag zu haben, sonst wäre ich auch schon längst verdrängt worden.

„Bio“ zu leben war vor einer Weile war noch ein Modephänomen, heute ist es normal geworden und wurde durch die vegane Bewegung abgelöst. Bei der veganen Bewegung fehlt mir aber leider oft der Öko-Gedanke. Vielen Leuten ist es vollkommen egal, wie und wo die Produkte hergestellt wurden – die Hauptsache, den Tieren geht es gut. Wir selbst im Büro essen jeden Tag bio-vegan und kochen selbst. Wir haben viele im Team, die komplett vegan leben, auch Halbzeitveganer und Allesesser. Das Einkommen ist beim Thema Nachhaltigkeit gar nicht mal so schwerwiegend. Wir merken das bei unseren Besuchern. Da kommen alle: Die mit 1000 € Bargeld, weil sie mal eben ein paar Recyclingmöbel kaufen wollen, die mit der Sozialkarte oder die, die sich die 6 € angespart haben, weil es ihnen wirklich wichtig ist. Das Thema geht durch die gesamte Gesellschaft. Daran sieht man, dass man den Tipping Point erreicht hat, es also nicht mehr ein Phänomen der Kritischen Masse, sondern der gesamten Gesellschaft ist.

Heldenmarkt – Messe für nachhaltigen Konsum

Forum Futura UG (haftungsbeschränkt)

Mail: treffpunkt (at) heldenmarkt.de
Telefon: 030 – 35 12 15 92
Mobil: 0151 – 51 95 98 86
Fax: 030 – 25 20 19 -51

Heldenmarkt

Stadtteil:

WESTEND

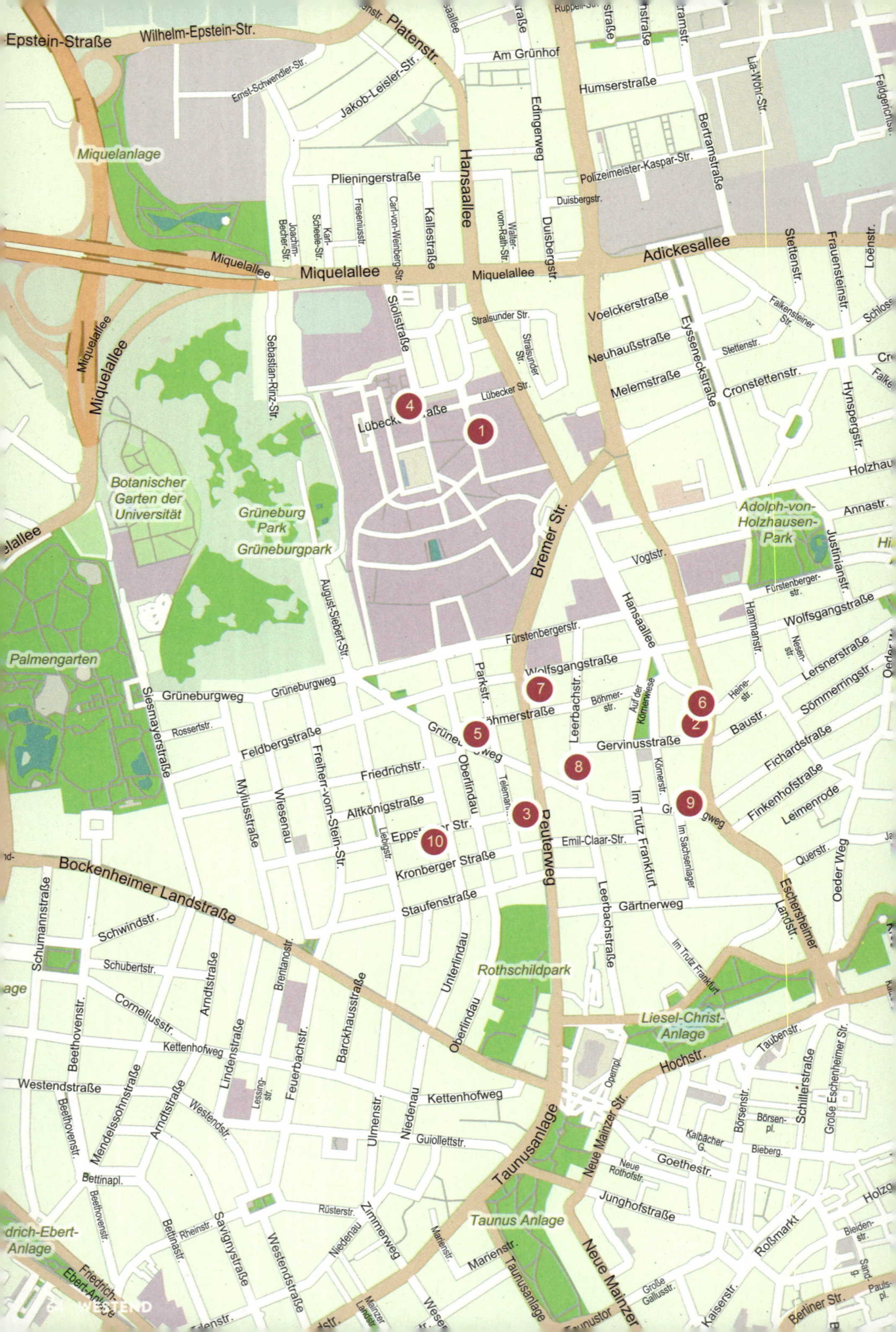
Epstein-Straße
Wilhelm-Epstein-Str.
Platenstr.
Ernst-Schwendler-Str.
Jakob-Leisler-Str.
Am Grünhof
Humserstraße
Edingerweg
Bertramstraße
Lia-Wöhr-Str.
Miquelanlage
Hansaallee
Plieningerstraße
Polizeimeister-Kaspar-Str.
Duisbergstr.
Joachim-Becher-Str.
Karl-Scheele-Str.
Fresenius-str.
Carl-von-Weinberg-Str.
Kallestraße
Walter-vom-Rath-Str.
Duisbergstr.
Miquelallee
Miquelallee
Miquelallee
Adickesallee
Stettenstr.
Frauensteinstr.
Loënstr.
Siolistraße
Stralsunder Str.
Stralsunder Str.
Voelckerstraße
Neuhaußstraße
Eyssenecktstraße
Falkensteiner Str.
Stettenstr.
Melemstraße
Cronstettenstr.
Hynspergstr.
Sebastian-Rinz-Str.
Miquelallee
Lübecker Str.
Lübecker Straße
4
1
Botanischer Garten der Universität
Grüneburg Park
Grüneburgpark
Bremer Str.
Holzhausenstr.
Annastr.
Adolph-von-Holzhausen-Park
Vogtstr.
Justinianstr.
Fürstenberger-str.
Hansaallee
August-Siebert-Str.
Hammanstr.
Wolfsgangstraße
Fürstenbergerstr.
Palmengarten
Wolfgangstraße
Nesenstr.
Lersnerstraße
Grüneburgweg
Grüneburgweg
7
Leerbachstr.
Böhmerstr.
Auf der Körnerwiese
6
Heinestr.
Sömmerringstr.
Siesmayerstraße
Rossertstr.
Parkstr.
Böhmerstraße
2
Baustr.
Feldbergstraße
Grüneburgweg
5
Gervinusstraße
Fichardstraße
Friedrichstr.
Oberlindau
8
Finkenhofstraße
Mylinsstraße
Wiesenau
Freiherr-vom-Stein-Str.
Telemannstr.
Körnerstr.
Leimenrode
Altkönigstraße
3
Reuterweg
Im Trutz Frankfurt
9
Grüneburgweg
Liebigstr.
Eppsteiner Str.
Im Sachsenlager
10
Emil-Claar-Str.
Querstr.
Oeder Weg
Bockenheimer Landstraße
Kronberger Straße
Leerbachstraße
Eschersheimer Landstr.
Schumannstraße
Staufenstraße
Gärtnerweg
Schwindstr.
Im Trutz Frankfurt
Schubertstr.
Arndtstraße
Brentanostr.
Barckhausstraße
Unterlindau
Rothschildpark
Corneliusstr.
Beethovenstr.
Lindenstraße
Feuerbachstr.
Oberlindau
Liesel-Christ-Anlage
Kettenhofweg
Taubenstr.
Hochstr.
Opernpl.
Westendstraße
Mendelssohnstraße
Arndtstraße
Lessingstr.
Kettenhofweg
Westendstr.
Beethovenstr.
Ulmenstr.
Niedenau
Guiollettstr.
Taunusanlage
Neue Mainzer Str.
Börsenstr.
Börsenpl.
Kalbächer G.
Bieberg.
Schillerstraße
Große Eschenheimer Str.
Goethestr.
Bettinapl.
Neue Rothofstr.
Rüsterstr.
Junghofstraße
Beethovenstr.
Zimmerweg
Savignystraße
Rheinstr.
Bettinastr.
Mainzer Landstr.
Niedenau
Marienstr.
Taunus Anlage
Friedrich-Ebert-Anlage
Westendstraße
Marienstr.
Taunusanlage
Neue Mainzer
Roßmarkt
Bleidenstr.
Sandg.
Große Gallusstr.
Friedrich-Ebert-Anlage
Weserstr.
Taunustor
Kaiserstr.
Berliner Str.
Paulspl.

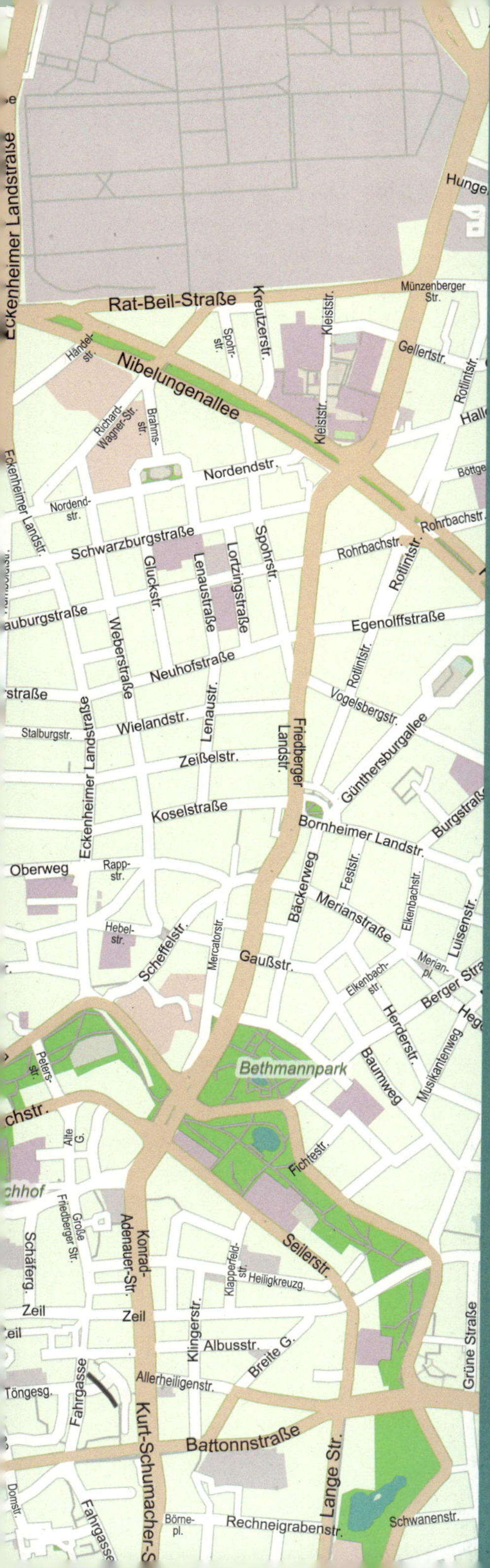

1. Café Dasein
2. Basaglia Cafe
3. Gustav
4. Hoppenworth & Ploch
5. Matildas Kitchen
6. Alnatura
7. Aktion Weltmarkt
8. Bachbäcker
9. Grüneburger Bioladen Paust
10. Petersens Gutes Essen

CAFÉ DASEIN

fairtrade & sozial | bio | ökologisch up/recycle | regional | vegetarisch | barrierefrei

Im PEG-Gebäude auf dem Campus Westend der Goethe Universität befindet sich eine Mensa, die bewusste Ernährung in den Mittelpunkt stellt. Hier werden in typischer Mensa-Atmosphäre ausgewogene und nachhaltige Mittagessen, aus Lebensmitteln, die aus der Region stammen, und Snacks angeboten. Die Preise sind fair aber über dem üblichen Mensapreis.

Öffnungszeiten: Mo-Fr 7:30-17 Uhr
Adresse: Norbert-Wollheim-Platz 1 | 60323 Frankfurt
T 069 79836000
Web: www.studentenwerkfrankfurt.de

BASAGLIA CAFE

ESSEN & TRINKEN

fairtrade & sozial | bio | ökologisch up/recycle | regional | vegetarisch | vegan | barrierefrei | kinderfreundlich

Das basaglia besteht aus Cafe und Rösterei. Beide haben ihren Standort in Frankfurt und sind ein Projekt des Frankfurter Vereins für soziale Heimstätten e.V.

Öffnungszeiten: Mo-Fr 9-17 Uhr
Adresse: Eschersheimer Landstr. 65 | 60322 Frankfurt
T 069 13023616
Web: www.cafebasaglia.de

GUSTAV

ESSEN & TRINKEN

ökologisch up/recycle | regional | vegetarisch

Das Gourmet-Restaurant hat jeweils ein vegetarisches und ein nicht-vegetarisches Menü im Angebot. Der Schwerpunkt liegt auf regionalen Produkten. In ihrer große Weinkarte bieten sie auch Weine aus ökologischem bzw. naturnahem Anbau (Naturweine) an.

Öffnungszeiten: Di-Fr 12-14 und ab 18:30 Uhr, Sa ab 18:30 Uhr
Adresse: Reuterweg 57 | 60323 Frankfurt
T 069 74745252 | **Web:** www.restaurant-gustav.de

HOPPENWORTH & PLOCH

ESSEN & TRINKEN

fairtrade & sozial | regional | barrierefrei

Das Café liegt auf dem Uni Campus Westend. Alle Kaffeesorten werden eigenhändig geröstet. Das Besondere ist, dass interessante und spezifische Kaffees angeboten werden, wobei keine Röstaromen hinzugefügt und auch nichts weggenommen wird. Man ist also zum Probieren aufgefordert.

Öffnungszeiten: Mo-Fr 9:30-18 Uhr, So 12-17 Uhr
Adresse: Siolistr. 7 | 60323 Frankfurt
Web: www.hoppenworth-ploch.de

MATILDAS KITCHEN

ESSEN & TRINKEN

fairtrade & sozial | bio | ökologisch up/recycle | regional | vegetarisch | vegan

Das liebevoll eingerichtete Café bietet ein wöchentlich wechselndes Menü mit Vor- und Hauptspeise, einer Auswahl an Salaten, sowie verschiedene selbstgemachte Kuchensorten und andere Leckereien an. Das Millionärsbrot sollte man probiert haben. Wer selber mal so gut backen und hübsch dekorieren will, dem seien die Backkurse für Kinder und Erwachsene empfohlen!

Öffnungszeiten: Mo-Fr 8-17 Uhr
Adresse: Grüneburgweg 86 | 60323 Frankfurt
T 069 71673700 | **Web:** www.matildaskitchen.de
www.facebook.com/mathildas-kitchen

ALNATURA

LEBENSMITTEL & TÄGLICHER BEDARF

fairtrade & sozial | bio | ökologisch up/recycle | regional | vegetarisch | vegan | barrierefrei

Dieser übersichtliche und gut sortierte Bio-Supermarkt bietet neben einer großen Auswahl an regionalen, frischen Bio-Lebensmitteln auch Kosmetika und Kindernahrung sowie Bekleidung an.

Öffnungszeiten: Mo-Sa 8-20 Uhr
Adresse: Eschersheimer Landstr. 60-62 | 60322 Frankfurt
T 069 36608963 | **Web:** www.alnatura.de
www.facebook.de/alnatura

AKTION WELTMARKT

LEBENSMITTEL & TÄGLICHER BEDARF

fairtrade & sozial | bio | vegetarisch | vegan | plastikfrei

In dieser Filiale werden neben Wiederverkäufer/Innen auch Endverbraucher angesprochen. Der Weltladen handelt unter anderem Gepa-Lebensmittel, wobei Fairtrade und Produkte aus biologisch angebauten Rohstoffen im Mittelpunkt stehen. Neu im Sortiment sind Kapula-Keramik und Kerzen aus Südafrika, sowie Lederwaren aus Indien.

Öffnungszeiten: Di-Do 16-18 Uhr, Fr 13-18 Uhr, Sa 11-13 Uhr
Adresse: Wolfsgangstr. 109 | 60322 Frankfurt | **T** 069 5979 0484
Web: www.aktion-weltmarkt.de

BACHBÄCKER

LEBENSMITTEL & TÄGLICHER BEDARF

bio | regional | barrierefrei

Die Stammbäckerei in Usingen-Eschbach gibt es seit 260 Jahren. BachBäcker bietet in seinen Filialen Natursauerteig- und Saatenbroten, Brötchen und süße Stückchen ohne künstliche Zusätze, teilweise mit staatlichem Biosiegel an. Die Verwendung regionaler Rohstoffe ist durch das Siegel »Geprüfte Qualität - Hessen« gekennzeichnet.

Öffnungszeiten: Mo-Sa 6:30-20 Uhr, So 7:30-18 Uhr
Adresse: Grüneburgweg 58-62 | 60322 Frankfurt
T 069 59796320 | **Web:** www.bachbaecker.de

GRÜNEBURGER BIOLADEN PAUST

LEBENSMITTEL & TÄGLICHER BEDARF

fairtrade & sozial | bio | regional | vegetarisch | vegan | barrierefrei

Ein kleinerer aber voll ausgestatteter Bio-Supermarkt mit allem was man braucht inklusive einer Wurst- und Käsetheke und Weinabteilung. Im vorderen Bereich befindet sich eine Bäckerei mit einigen Sitzgelegenheiten an denen man die Snacks genießen kann. Im Sommer geht das auch draußen.

Öffnungszeiten: Mo-Fr 7:30-20 Uhr, Sa 7:30-19 Uhr
Adresse: Grüneburgweg 6 | 60323 Frankfurt
T 069 95502229

PETERSENS GUTES ESSEN

LEBENSMITTEL & TÄGLICHER BEDARF

fairtrade & sozial | bio | regional | vegetarisch | vegan

Auf die Theke kommen nur Produkte, die durch eine schonende und sorgfältige Herstellung und ohne überflüssige Konservierungsstoffe besonders gut schmecken. Dabei stammen sie bevorzugt aus kleinen Betrieben in Deutschland, Italien, Österreich und der Schweiz. Außerdem werden ab Mittag kleine Mahlzeiten angeboten, nur so lange der Vorrat reicht - Reservierung empfohlen!

Öffnungszeiten: Mo-Fr 8:45-19 Uhr, Sa 8-15 Uhr
Adresse: Eppsteiner Str. 26 | 60323 Frankfurt
T 069 71713536 | **Web:** www.petersen-gutes-essen.de

Im Gespräch mit...

JOERG WEBER

Vorstand der Bürger AG für nachhaltiges Wirtschaften FrankfurtRheinMain

Stell uns doch kurz Dein Projekt vor. Was ist die Bürger AG Frankfurt?

Die genaue Bezeichnung ist „Bürger AG für nachhaltiges Wirtschaften FrankfurtRheinMain". Wir laden Bürger/-innen zur Beteiligung an der Finanzierung nachhaltiger Landwirtschaft und Projekten in der Region ein. Wir verkaufen Namensaktien, d.h. wir wissen wer bei uns beteiligt ist und investieren in die regionale Bio-Land- und Ernährungswirtschaft. Wir möchten helfen, landwirtschaftliche Flächen und Höfe für unsere Ernährung sowie die Zukunft zu sichern. Die Mischung aus Finanzierungsmodell und Netzwerk, ist bisher einzigartig in Deutschland, und die Nachfrage ist relativ groß. Das Engagement für ein ökologisch sinnvolles, faires und soziales unternehmerisches Handeln dient auch der Weiterentwicklung unserer Region.

Wie kamst Du auf die Idee? Was hat Dich dazu?

Ich bin eigentlich Banker/Betriebswirt und habe in den 80iger Jahren die Ökobank eG mitgegründet und aufgebaut. In einem Gespräch mit Vertretern des Bio Großhändlers Phönix überlegten wir, wie man die regionale Bio-Landwirtschaft besser unterstützen könnte. Die Idee der Bürger AG war geboren Ich schrieb ein Konzept und überzeugte die ersten Aktionär/-innen. So kam es, dass ich seitdem die Bürger AG aufbaue, was ich aber nicht ohne die vielen ehrenamtlichen Helfer/-innen schaffen würde.

Was waren die Startschwierigkeiten und wie bist Du damit umgegangen?

Eine der größten Startschwierigkeiten war die Erstellung eines BaFin (Finanzaufsicht) Prospektes. Dann kam hinzu, dass wir nicht das Geld hatten, um große Marketingmaßnahmen durchzuführen. Dennoch, einige Tagezeitungen und Journale haben uns wirklich unterstützt und so haben die Menschen von der Bürger AG erfahren.

Was bedeutet Nachhaltigkeit für Dich?

Ich muss auf diesem Planeten mindestens so viel hinterlassen, wie ich vorfinde, d.h. wir müssen lernen, die Erde nicht immer weiter auszubeuten. Deshalb müssen wir die Art und Weise wie wir handeln schnellstens ändern. Die heute in der konventionellen Landwirtschaft genutzte Praxis vergisst, dass unsere Ressourcen endlich sind.

Was ist Dein Lieblingsort in Frankfurt? Hast Du einen Geheimtipp?

Ich mag Frankfurt sehr und es gibt viele Geheimtipps. Z. B. das KünstlerateIierFrankfurt e.V., den Schwedler See, die Parks oder die ursprünglichen Äppler-Kneipen abseits der Touristenströme.

Wie siehst Du die aktuelle gesellschaftliche Situation? Was läuft schief, was gibt Hoffnung?

Ich bin der Meinung, dass „die zwischenmenschliche Wärme" fehlt. Viele Menschen agieren selbstbezogen und meinen, Lebensqualität ließe sich mit Geld erkaufen. Von der Politik erwarte ich, dass sie sich vehementer den Lobbyinteressen der Industrie entgegensetzt. Positiv sehe ich, dass es mittlerweile sehr viele junge Menschen gibt, die sich für eine nachhaltige Entwicklung einsetzen.

Und im speziellen Bezug auf Frankfurt?

In Frankfurt sehe ich große Probleme bei der Mietentwicklung, die zu einer Verdrängung v. a. von weniger gut verdienenden und alten Menschen führt. Dadurch verlieren wir Vielfalt. Zudem sollte von Frankfurt eine nachhaltige Initiative ausgehen, um mehr innerstädtischen Wohnraum im Umkreis bis zu 30 km zu schaffen.

Bürger AG für nachhaltiges Wirtschaften
FrankfurtRheinMain

Holzhausenstr. 22
60322 Frankfurt

Fon: 069 9441 9443
Fax: 069 9441 9442

Web: http://buerger-ag-frm.de
E-Mail: info@buerger-ag-frm.de

Stadtteil:

NORDEND

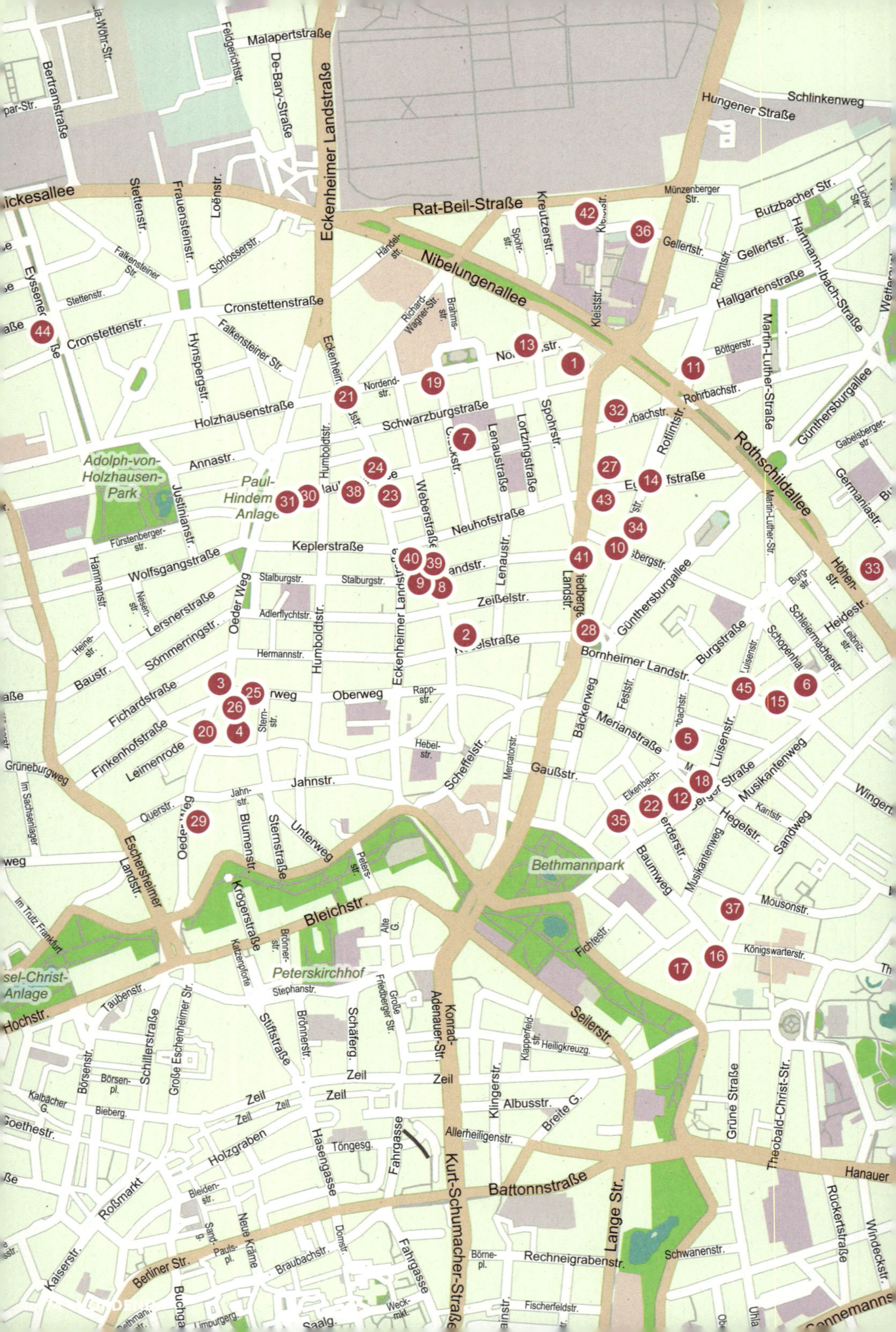

Malapertstraße
De-Bary-Straße
Feldgerichtstr.
Bertramstraße
Eckenheimer Landstraße
Hungener Straße
Schlinkenweg
Münzenberger Str.
Rat-Beil-Straße
Nibelungenallee
Kreutzerstr.
Spohrstr.
Händelstr.
Stettenstr.
Frauensteinstr.
Loënstr.
Schlosserstr.
Falkensteiner Str.
Cronstettenstraße
Cronstettenstr.
Eyssenerstraße
Hynspergstr.
Richard-Wagner-Str.
Brahmsstr.
Kleiststr.
Gellertstr.
Butzbacher Str.
Hartmann-Ibach-Straße
Hallgartenstraße
Rotlintstr.
Böttgerstr.
Martin-Luther-Straße
Rohrbachstr.
Rothschildallee
Günthersburgallee
Gabelsbergerstr.
Germaniastr.
Nordendstr.
Holzhausenstraße
Schwarzburgstraße
Lenaustraße
Lortzingstraße
Spohrstr.
Adolph-von-Holzhausen-Park
Annastr.
Paul-Hindemith-Anlage
Humboldtstr.
Weberstraße
Justinianstr.
Fürstenberger-str.
Keplerstraße
Neuhofstraße
Hammanstr.
Wolfsgangstraße
Stalburgstr.
Nesenstr.
Lersnerstraße
Oeder Weg
Adlerflychtstr.
Zeißelstr.
Friedberger Landstr.
Höhenstr.
Burgstr.
Heidestr.
Leibnizstr.
Schleiermacherstr.
Schopenhauerstr.
Luisenstr.
Sömmerringstr.
Hermannstr.
Bornheimer Landstr.
Burgstraße
Heinestr.
Baustr.
Fichardstraße
Oberweg
Rappstr.
Bäckerweg
Feststr.
Merianstraße
Finkenhofstraße
Sternstr.
Leimenrode
Hebelstr.
Scheffelstr.
Mercatorstr.
Gaußstr.
Grüneburgweg
Jahnstr.
Elkenbachstr.
Berger Straße
Musikantenweg
Wingertstr.
Kantstr.
Im Sachsenlager
Querstr.
Blumenstr.
Sternstraße
Unterweg
Hegelstr.
Sandweg
Eschersheimer Landstr.
Petersstr.
Bethmannpark
Baumweg
Mousonstr.
Im Trutz Frankfurt
Krögerstraße
Bleichstr.
Alte G.
Fichtestr.
Königswarterstr.
Peterskirchhof
Brönnerstr.
Stephanstr.
Katzenpforte
Große Friedberger Str.
Konrad-Adenauer-Str.
Seilerstr.
Hochstr.
Taubenstr.
Schillerstraße
Große Eschenheimer Str.
Stiftstraße
Brönnerstr.
Schäferg.
Klapperfeldstr.
Heiligkreuzg.
Börsenstr.
Börsenpl.
Kalbächer G.
Bieberg.
Zeil
Albusstr.
Breite G.
Grüne Straße
Theobald-Christ-Str.
Goethestr.
Holzgraben
Hasengasse
Töngesg.
Fahrgasse
Allerheiligenstr.
Kurt-Schumacher-Straße
Hanauer
Roßmarkt
Bleidenstr.
Battonnstraße
Lange Str.
Neue Kräme
Sandg.
Paulspl.
Domstr.
Berliner Str.
Braubachstr.
Börnepl.
Rechneigrabenstr.
Schwanenstr.
Rückertstraße
Windeckstr.
Kaiserstr.
Buchgasse
Weckmarkt
Saalg.
Fischerfeldstr.
Sonnemannstraße
1
2
3
4
5
6
7
8
9
10
11
12
13
14
15
16
17
18
19
20
21
22
23
24
25
26
27
28
29
30
31
32
33
34
35
36
37
38
39
40
41
42
43
44
45

1. *Awake Frankfurt*
2. *BizziIce*
3. *BrauStil*
4. *Café Wacker*
5. *Yomaro Frozen Joghurt*
6. *ginkgo*
7. *Glauburg-Café*
8. *Kaffeemacherei*
9. *Moksha Café*
10. *Natur-Bar*
11. *Rosa Canina*
12. *Schweigers Mint*
13. *Strandcafé*
14. *Tortenengel*
15. *Wiesenlust*
16. *Wir essen Blumen*
17. *Bäcker Kahl*
18. *Basic*
19. *Basic*
20. *Biotop Naturkostladen*
21. *El Naturista*
22. *Main Gemüse*
23. *Reformhaus Achim Andersch*
24. *reformhaus freya*
25. *reformhaus freya*
26. *Viniculum Ökoweine*
27. *Wein aus Südafrika*
28. *Wochenmarkt Friedberger Platz*
29. *Zeit für Brot*
30. *apfelgrün*
31. *Brot und Rosen*
32. *Escatira*
33. *Wohnzimmer-Werkstatt*
34. *organicc*
35. *oxfam shop*
36. *So Petit GmbH by Sense Organic*
37. *Stella's First & Secondhand*
38. *Wollke 7*
39. *blumenbar*
40. *gudwork*
41. *Hoppenworth & Ploch*
42. *La Bouche – Bistro und Catering*
43. *Laden 100*
44. *nowato*
45. *organic ceramics*

AWAKE FRANKFURT

ESSEN & TRINKEN

fairtrade & sozial | bio | ökologisch up/recycle | regional | vegetarisch | barrierefrei | kulturelles konzept

Gemütliche Sitzmöglichkeiten (auch im Außenbereich) verschiedener Arten und Formen in chilligem Ambiente. Angeboten wird selbstgemachtes Essen und faitrade-Getränke - zu bezahlbaren Preisen. Das besondere hier sind außerdem die regelmäßig stattfindenden Kultur- und Infoveranstaltungen.

Öffnungszeiten: Mo-Fr 7:30-18 Uhr
(ab 18 Uhr je nach Kulturprogramm)
Adresse: Nibelungenplatz 3 | 60318 Frankfurt
Web: www.awakefrankfurt.de
www.facebook.com/awakefrankfurt

BIZZIICE

ESSEN & TRINKEN

bio | ökologisch up/recycle | regional | vegetarisch | vegan

Hier gibt es Bio-Eis. Es wird nicht nur auf künstliche Zusatzstoffe verzichtet, sondern das Eis wird komplett selbst gemacht. Es gibt auch vegane Sorten. Wem das zu kalt ist, kann zu seinem Kaffee selbstgebackenen Kuchen genießen.

Öffnungszeiten: Mo-So 11-22 Uhr
Adresse: Koselstr. 42 | 60318 Frankfurt
T 069 94942550 | **Web:** www.bizzi-ice.com
www.facebook.com/Bizziice/

BRAUSTIL

ESSEN & TRINKEN

fairtrade & sozial | bio | ökologisch up/recycle | regional | barrierefrei

Das eigene Bier wird quasi direkt vor den Augen des Zuschauers hergestellt, es werden regionale, nationale und internationale Braustile angewendet, es werden vorwiegend regionale und biologische Zutaten verwendet und Rücksicht auf Natur und Mitarbeiter genommen, inkl. Shop. Im Sommer gibt es einen Biergarten und eine Bar.

Öffnungszeiten: Mo-Fr 12-22(24) Uhr,
Sa 11-22(24) Uhr, So 14-22(24) Uhr
Adresse: Oeder Weg 57 | 60318 Frankfurt
T 069 98669557 | **Web:** www.braustil.de
www.facebook.com/braustil.ffm

CAFÉ WACKER

ESSEN & TRINKEN

fairtrade & sozial | bio

Das Café bietet eine eigene Röstung und liegt selbst in der nun hundertjährigen Familientradtion. Der Charme liegt im Wiener Caféhausstiel mit Sommergarten, Besonderheit sind die Kuchen und Torten, es gibt aber auch kleine kalte oder warme Mahlzeiten.

Öffnungszeiten: Mo-Fr 8-19 Uhr , Sa 8-18 Uhr, So 9-18 Uhr
Adresse: Mittelweg 47 | 60318 Frankfurt
T 069 550242 | **Web:** www.wackers-kaffee.de
www.facebook.com/cafe.wacker.mittelweg

YOMARO FROZEN JOGHURT

ESSEN & TRINKEN

fairtrade & sozial | ökologisch up/recycle | vegan | barrierefrei

Neben Frozen Joghurt - auch in der veganen Variante - mit über 40 Toppings und Saucen werden hier auch Kuchen, Waffeln, Kaffee und vieles mehr angeboten. Die Produkte stammen, wenn möglich, aus ökologischer Erzeugung und aus fairem Handel, während die Verpackungen überwiegend aus nachwachsenden oder recycelten Rohstoffen bestehen.

Öffnungszeiten: Mo-So+Feiertag 13-19 Uhr
Adresse: Merian Str. 4 | 60316 Frankfurt
Web: yomaro.de/frankfurt | www.facebook.com/YomaroFrankfurt

GINKGO

ESSEN & TRINKEN

bio | regional | vegetarisch | vegan | barrierefrei

Seit 1996 steht das Café im Familienbetrieb. Es gibt Frühstück im Garten, Runden an der Bar und ein treues Stammpublikum. Die wöchentlich wechselnde Karte ist geprägt von Kostbarkeiten der Region und saisonal abhängig. Seit 2012 ist sie durchzogen von veganen und vegetarischen Einflüssen. Die Kaffees werden mit besonderer Technik zubereitet. Einfach mal vorbei schauen.

Öffnungszeiten: So-Do 9-0 Uhr, Fr-Sa 9-1 Uhr
Adresse: Berger Str. 81 | 60316 Frankfurt | **T** 069 491202
Web: www.ginkgo-frankfurt.de | www.facebook.com/ginkgoffm

GLAUBURG-CAFÉ

ESSEN & TRINKEN

regional | vegetarisch | kinderfreundlich

Das Glauburg ist ein Nachbarschaftscafé im Frankfurter Nordend. Hier kann man es sich bei einer Tasse Kaffee gemütlich machen und dazu gesunde Spezialitäten aus der Region genießen. Täglich gibt es frisch gebackenes Bauernbrot und Mürbeteigkuchen, gegrillte Sandwiches, hausgemachte Grüne Soße und feine Salate.

Öffnungszeiten: Mo-Fr 8-19 Uhr, Sa+So 10-17 Uhr
Adresse: Glauburgstr. 28 | 60318 Frankfurt | **T** 069 20012279
Web: www.glauburg-cafe.de

KAFFEEMACHEREI

ESSEN & TRINKEN

fairtrade & sozial | bio | ökologisch up/recycle | kinderfreundlich

Hier findet ihr ein kleines gemütliches Café mit Bio-Tee und eigener Rösterei sowie kleine Mahlzeiten.

Öffnungszeiten: Mi-Sa 10-18 Uhr, So 14-18 Uhr
Adresse: Eckenheimer Landstr. 70 | 60318 Frankfurt
T 069 48008766
Web: www.facebook.com/kaffeemacherei

MOKSHA CAFÉ

ESSEN & TRINKEN

fairtrade & sozial | bio | ökologisch up/recycle | regional | vegetarisch

Kleines, aber feines Café, was fast schon als Restaurant durchgehen kann. Sonntags wird zum Brunch eingeladen, es gibt selbstgemachtes Brot.

Öffnungszeiten: Mo-Do 17-1 Uhr, Fr+Sa 17-2 Uhr, So 10-16 Uhr
Adresse: Rotlintstr. 28 | 60316 Frankfurt
T 069 48005575 | **Web:** www.moksha-frankfurt.de
www.facebook.com/moksha.frankfurt

NATUR-BAR

ESSEN & TRINKEN

fairtrade & sozial | bio | ökologisch up/recycle | regional | vegetarisch | vegan

Das vegetarische Restaurant war einer der Pioniere der vegetarischen Restaurants in Frankfurt. Da es sehr klein ist, wird eine Reservierung empfohlen.

Öffnungszeiten: Mo-Fr 11:30-15:30 und 18-23 Uhr, Sa 18-23 Uhr
Adresse: Oeder Weg 26 | 60318 Frankfurt | **T** 069 554486
Web: www.naturbarfrankfurt.de | www.facebook.com/naturbar

ROSA CANINA

ESSEN & TRINKEN

bio | ökologisch up/recycle | regional | vegetarisch | vegan

Himbeereis mit Basilikum oder Schokoladeneis mit Ingwer. Dem Geschmack sind keine Grenzen gesetzt. Einziges Gesetz: Das Eis wird nach Art traditioneller Gelateries aus den Dolomiten von Hand zubereitet und es kommen nur Bio-Zutaten rein.

Öffnungszeiten: Mo-Fr 13-19:30 Uhr, Sa 15-18 Uhr, So 13-19:30 Uhr
Adresse: Spohrstr. 41 | 60318 Frankfurt
Web: www.rosacanina.eu
www.facebook.com/rosa.caninafrankfurt

SCHWEIGERS MINT

ESSEN & TRINKEN

bio | vegan | kulturelles konzept

Verschiedenste Sorten an Eis, Kuchen, Muffins und Kaffeevariationen sind fester Bestandteil der erlesenen Mint-Produktfamilie. Es werden der Anspruch mit den individuellen süßen Träumen des Gastes kombiniert und man setzt bei der Auswahl der Zutaten auf höchste Qualität.

Öffnungszeiten: Mo-Fr 11-19 Uhr
Adresse: Berger Str. 36 | 60316 Frankfurt | **T** 069 84844211
Web: www.de-schweiger.de
www.facebook.com/schweigersmint

STRANDCAFÉ

ESSEN & TRINKEN

fairtrade & sozial | bio | ökologisch up/recycle | regional | vegetarisch | vegan | barrierefrei

Das bekannte Politcafé der 70er Jahre zeigt sich heute als kleines, ruhiges Café mit gemütlicher Terasse, die zum Seelebaumeln einlädt. Daneben gibt es Frühstück, saisonale Suppen und Kleinigkeiten, aber auch exotische Hauptspeisen.

Öffnungszeiten: Mo-Fr 9-24 Uhr, Sa 9-18 Uhr, So 10-18 Uhr
Adresse: Koselstr. 46 | 60316 Frankfurt
T 069 24145495 | **Web:** www.strandcafe-frankfurt.de
www.facebook.com/Strandcafe

TORTENENGEL

ESSEN & TRINKEN

vegan

Das wechselnde Sortiment aus Torten und Törtchen wird ohne Zusatzstoffe und Fertigprodukte selber hergestellt. Neben Mokkacremeschnitten und Beerentartelette gibt es auch veganen Apfelstreuselkuchen sowie Rohkosttörtchen und natürlich Kaffee. Auf Wunsch werden auch Wunschtorten hergestellt.

Öffnungszeiten: Mo-Sa 11-18 Uhr
Adresse: Rotlintstr. 48 | 60316 Frankfurt
T 0163 5693724 bzw. 0170 3471983
Web: www.tortenengel.com | www.facebook.com/Tortenengel

WIESENLUST

ESSEN & TRINKEN

fairtrade & sozial | bio | ökologisch up/recycle | regional | vegetarisch | barrierefrei

Natürlich angebaute Lebensmittel ohne Zusatzstoffe und gentechnische Veränderungen. Viele Erzeuger und Betriebe aus der Region und dem Bundesgebiet sind mit dem Siegel BIOLAND zertifiziert und mehrfach ausgezeichnet. Dies alles spiegelt die Werte des Burgerladens im Bezug auf Ökologie und Nachhaltigkeit wider. Vegetarisch und vegan werden hier ebenfalls großgeschrieben.

Öffnungszeiten: Mo-Do+So 11-23 Uhr (Küche bis 22 Uhr)
Fr+Sa 11-23:30 Uhr (Küche bis 23 Uhr)
Adresse: Berger Str. 77 | 60316 Frankfurt | **T** 069 90436470
Web: www.wiesenlust.de | www.facebook.com/Wiesenlust

WIR ESSEN BLUMEN

ESSEN & TRINKEN

fairtrade & sozial | bio | ökologisch up/recycle | regional | vegetarisch | vegan | kulturelles konzept

Neben den bekannten Smoothies aus Obst, wird hier viel Wert auf Gemüse als weitere Zutaten gelegt. Daneben gibt es aber auch noch vegane Leckereien. Dies ist die erste Bar für grüne Smoothies, süße und herzhafte, in Frankfurt. Sie verwenden nur frische Bio-Zutaten und Quellwasser – alles ohne Konservierungsstoffe.

Öffnungszeiten: Di-Fr 8-18 Uhr, Sa 10-16 Uhr
Adresse: Sandweg 6c | 60316 Frankfurt
T 069 43052616 | **Web:** www.wiressenblumen.de
www.facebook.com/WirEssenBlumenFrankfurt

BÄCKER KAHL

LEBENSMITTEL & TÄGLICHER BEDARF

bio | regional | vegetarisch | vegan | barrierefrei

Diese kleine Familien-Bäckerei/Konditorei ist in Frankfurt seit über 20 Jahren tätig. Hier wird Qualität großgeschrieben. Es wird großen Wert auf gesunde Ernährung und auf natürliche Zutaten gelegt. Deshalb werden nur natürliche Zutaten für die hausgemachten Produkte verwendet und Fertigmischungen gemieden. Neben den Klassikern, wie Brezeln, Croissants, und Apfeltaschen bietet diese Traditionsbäckerei auch vegane Kuchen und Gebäckstücke an.

Öffnungszeiten: Mo-Fr 5-18 Uhr, Sa 5:30-13 Uhr, So 6-12 Uhr
Adresse: Friedberger Anlage 14 | 60316 Frankfurt
T 069 439876 | **Web:** www.baecker-kahl.de

BASIC

LEBENSMITTEL & TÄGLICHER BEDARF

fairtrade & sozial | bio | ökologisch up/recycle | regional | vegetarisch | vegan | barrierefrei

Der gut ausgestattete Bio-Supermarkt verfügt über alles, was das tägliche Leben bedarf. Darüber hinaus gibt es vor Ort einen Imbiss mit Sitzgelegenheiten, bei dem man Pasta und Pizza essen oder mitnehmen kann. Eine Bäckerei bietet außerdem allerlei Snacks und warme Getränken an.

Öffnungszeiten: Mo-Sa 8-20 Uhr
Adresse: Berger Str. 40-42 | 60316 Frankfurt **T** 069 4800670
Adresse: Eckenheimer Landstr. 127 | 60318 Frankfurt
T 069 95932600
Web: www.basicbio.de

BIOTOP NATURKOSTLADEN

LEBENSMITTEL & TÄGLICHER BEDARF

bio | ökologisch up/recycle | barrierefrei

Neben kurzen Öffnungszeiten ist es in einem Onlineshop möglich unter anderem hochwertige Produkte wie Bio-Wein, Oliven, Antipasti und Marmelade zu erwerben und sich nach Hause liefern zu lassen.

Öffnungszeiten: Mi-Fr 18-20 Uhr, nach telefonischer Vereinbarung, Onlineshop und Catering
Adresse: Oeder Weg 43 | 60318 Frankfurt
T 6039 932948 | **Web:** www.biotop-frankfurt.de

EL NATURISTA

LEBENSMITTEL & TÄGLICHER BEDARF

fairtrade & sozial | bio | ökologisch up/recycle | regional | vegetarisch | vegan | barrierefrei

Der kleine Tante-Emma-Laden bietet Bio-Obst und -Gemüse an, aber auch kleine kalte oder warme Mahlzeiten. Kerngedanke ihrer Philosophie ist der slow-food-Gedanke. Sie legen Wert auf Natürlichkeit, Nähe zum Kunden und gesundes, regionales und ökologisches Essen. Auf ihrer Homepage wird genau aufgelistet, wo ihre Produkte herkommen. Sehr authentisch.

Öffnungszeiten: Mo-Mi 8-19 Uhr, Do 8-14 Uhr, Fr 8-19 Uhr, Sa 9-18 Uhr, Mo-Mi 8-20 Uhr (Apr-Okt) / 8-19 Uhr (Nov-Mär), Do 8-14 Uhr
Adresse: Glauburgstr. 62 | 60318 Frankfurt | **T** 069 591454
Web: www.el-naturista.de | www.facebook.com/el.naturista.frankfurt

MAIN GEMÜSE

LEBENSMITTEL & TÄGLICHER BEDARF

bio | ökologisch up/recycle | regional

Obst- und Gemüseladen, bio und regional mit selbstgemachtem Brot, Marmeladen, Milchprodukten, Kuchen und Eintöpfen.

Öffnungszeiten: Mo-Fr 10-18 Uhr, Sa 9-16 Uhr
Adresse: Berger Str. 26 | 60316 Frankfurt
T 069 442098 | **Web:** www.main-gemuese.de

REFORMHAUS ACHIM ANDERSCH

LEBENSMITTEL & TÄGLICHER BEDARF

fairtrade & sozial | bio | regional | vegetarisch | vegan | barrierefrei

Es gibt feinen Kaffee, guten Kuchen und Herzhaftes an der neuen Kaffeetheke. Außerdem täglich frisches Obst und Gemüse aus kontrolliert biologischem Anbau und bevorzugt von Bauern aus der Region. Im Sortiment befinden sich auch Reformhausprodukte sowie Naturkosmetik, Kinder- und Babynahrung, sowie handgearbeitete Yoga Mode aus fairem Handel.

Öffnungszeiten: Mo-Fr 9-19:30 Uhr, Sa 8:30-16 Uhr
Adresse: Glauburgstr. 77 | 60318 Frankfurt | **T** 069 558861
Web: www.alles-andersch.de

REFORMHAUS FREYA

LEBENSMITTEL & TÄGLICHER BEDARF

fairtrade & sozial | bio | ökologisch up/recycle | regional | vegetarisch | vegan | plastikfrei

Kompetente Beratung in den Bereichen Ernährung, Gesundheit und Naturkosmetik bieten die geschulten Fachberater des Reformhauses Freya. Neben hochwertigen Bio-Lebensmitteln und Spezialprodukten für Allergiker erhält man hier über 1.200 Produkte für die vegane Ernährung.

Öffnungszeiten: Mo-Fr 10-19 Uhr, Sa 10-16 Uhr
Adresse: Berger Str. 59 | 60316 Frankfurt | **T** 069 490397
Adresse: Oeder Weg 52-54 | 60318 Frankfurt | **T** 069 95524918
Web: www.reformhaus-freya.de

VINICULUM ÖKOWEINE

LEBENSMITTEL & TÄGLICHER BEDARF

fairtrade & sozial | bio | ökologisch up/recycle | regional | regional

Wein aus verschiedenen Regionen in Spanien, Frankreich, Italien und Deutschland. Dabei liegt der Schwerpunkt auf dem ökologischen Anbau.

Öffnungszeiten: Mo-Fr 11-13 Uhr und 15-19 Uhr, Sa 10-14 Uhr
Adresse: Egenolffstr. 38 | 60316 Frankfurt | **T** 069 4980126
Web: www.viniculum-weine.de

WEIN AUS SÜDAFRIKA

LEBENSMITTEL & TÄGLICHER BEDARF

fairtrade & sozial

Das Besondere an diesen Weinen ist, dass sie auschließlich von südafrikanischen Weingütern kommen, die als „fair" eingestuft wurden.

Öffnungszeiten: online shop
Adresse: Luisenstr. 37 | 60316 Frankfurt | **T** 069 59790724
Web: www.weinaussuedafrika.de

WOCHENMARKT FRIEDBERGER PL.

LEBENSMITTEL & TÄGLICHER BEDARF

barrierefrei

Hier kann man Obst und Gemüse, aber auch Feinkost, Wurst- und Fleischwaren erhalten. Alles frisch vom Bauern bzw. Metzger.

Öffnungszeiten: Fr 10-20 Uhr
Adresse: Friedberger Platz | 60316 Frankfurt
Web: www.frankfurt.de

ZEIT FÜR BROT

LEBENSMITTEL & TÄGLICHER BEDARF

fairtrade & sozial | bio | ökologisch up/recycle | regional | vegetarisch | vegan | barrierefrei

Neben den veganen Brötchen, Brezeln und Broten gibt es auch vegane Cookies, eine vegane Tofu-Stulle, sowie immer mal wieder vegane Suppen zur Mittagszeit.

Öffnungszeiten: Mo-Fr 7-20 Uhr, Sa 8-19 Uhr, So 8-18 Uhr
Adresse: Oeder Weg 15 | 60318 Frankfurt
T 069 56998150 | **Web:** www.zeitfuerbrot.com
www.facebook.com/zeitfuerbrot

APFELGRÜN

KLEIDUNG, KOSMETIK & CO

fairtrade & sozial | bio | ökologisch up/recycle | barrierefrei

Die Inhaberin legt nicht nur Wert auf Bio-Baumwolle, sondern sie kennt auch ihre Lieferanten. Zudem unterstützt sie junge Modemenschen und geht auf jeden Kunden individuell ein. Der Mensch und seine Umgebung stehen in diesem Geschäft zu 100% im Vordergrund.

Öffnungszeiten: Mo-Fr 10-19 Uhr, Sa 10-15 Uhr
Adresse: Glauburgstr. 95 | 60318 Frankfurt
T 069 27293968 | **Web:** www.apfelgruen.eu

BROT UND ROSEN

KLEIDUNG, KOSMETIK & CO

kulturelles konzept

Hier schneidern und lernen Frauen, die lange arbeitslos waren, schneidern. Diese Produkte kann man direkt vor Ort kaufen. Das Projekt gehört zur Diakonie Frankfurt.

Öffnungszeiten: Di-Fr 11-18 Uhr, Sa 10-14 Uhr
Adresse: Rohrbachstr. 62 | 60389 Frankfurt
T 069 24751496209
Web: www.spenerhaus.de/brot-plus-rosen.html

ESCATIRA

KLEIDUNG, KOSMETIK & CO

fairtrade & sozial

Neben First- und Secondhand-Kleidung findet man hier auch Schmuck und andere Accessoires. Die Ware ist in sehr gutem Zustand und oft nur ein bis zwei Saisons alt.

Öffnungszeiten: Mo-Fr 10-19:30 Uhr, Sa 10-18 Uhr
Adresse: Berger Str. 47 | 60316 Frankfurt
T 069 440192 | **Web:** www.escatira.de
www.facebook.com/Escatira

WOHNZIMMER-WERKSTATT

SONSTIGES

ökologisch up/recycle

Erste Fahrrad-Mietwerkstatt in Frankfurt mit Profi-Werkstattplätzen, Couchecke und Fahrradbibliothek. Ersatzteile können hier erworben werden und auch für Erfrischungen ist gesorgt.

Öffnungszeiten: Di+Do+Fr 10-18 Uhr, Mi 12-20 Uhr, Sa 10-16 Uhr
Adresse: Heidestr. 53-55 | 60385 Frankfurt
T 069 98666669 | **Web:** www.wohnzimmer-werkstatt-ffm.de
www.facebook.com/Wohnzimmer-Werkstatt

ORGANICC

KLEIDUNG, KOSMETIK & CO

fairtrade & sozial | bio | ökologisch up/recycle | regional

Die Kleidung, die hier verkauft wird, unterliegt strengen Richtlinien. Nicht nur müssen die Stoffe biologisch abbaubar und aus Biobaumwolle sein, sondern auch die Herstellung muss nach ethischen Regeln geschehen.

Öffnungszeiten: Mo-Fr 11-19 Uhr, Sa 11-18 Uhr
Adresse: Berger Str. 19 | 60316 Frankfurt
T 069 84843982 | **Web:** www.organicc.de
www.facebook.com/Organicc

OXFAM SHOP

KLEIDUNG, KOSMETIK & CO

barrierefrei | bio/ |airtrade & sozial | ökologisch | kulturelles Konzept

In diesem gut sortiertem Laden kann man seine gebrauchte aber noch tragbare Kleidung spenden, die dann dort geprüft und weiterverkauft wird. Vor Ort wird man von freundlichen Verkäuferinnen gerne beraten. Die Preise sind etwas teurer als in anderen Secondhand-Geschäften, doch der Erlös fließt in verschiedene Oxfam Projekte.

Öffnungszeiten: Mo-Fr 10-18:30 Uhr, Sa 11-15 Uhr
Adresse: Merianplatz 5 | 60316 Frankfurt | **T** 069 446962
Web: www.oxfam.de/shops/frankfurt-bornheim | www.facebook.com/oxfam.de

SO PETIT GMBH BY SENSE ORGANIC

KLEIDUNG, KOSMETIK & CO

fairtrade & sozial | bio | kinderfreundlich

Hier gibt es hochwertige schöne Baby- und Kinderkleidung aus biozertifizierten Naturfasern, bunte Shirts, Bodys, Pyjamas sowie handbemaltes Spielzeug und flauschige Krabbeldecken. Außerdem führt „So Petit" eine Modelinie für Frauen: schlicht, stilvoll - und natürlich öko.

Öffnungszeiten: online-shop
Adresse: Gleimstr. 1 | 60318 Frankfurt | **T** 069 95509996
Web: www.sense-organics.com | www.facebook.com/SenseOrganics

STELLA'S FIRST & SECONDHAND

KLEIDUNG, KOSMETIK & CO

fairtrade & sozial | bio | ökologisch up/recycle | regional | vegetarisch | vegan | barrierefrei | kinderfreundlich

Dieses Kleidungsgeschäft bietet Kleidung für starke Frauen an, beginnend bei Gr. 42-58. Beratung und individuelle Betreuung stehen hier an erster Stelle. Den eigenen Stil finden, egal mit welchen Rundungen, das wird hier kein Problem sein.

Öffnungszeiten: Mo-Fr 13-18 Uhr, Sa 11-14 Uhr
Adresse: Sandweg 24 | 60316 Frankfurt | **T** 069 40564979
Web: www.secondhand-frankfurt.de

WOLLKE 7

KLEIDUNG, KOSMETIK & CO

ökologisch up/recycle | kulturelles konzept

Wollke 7 findet sich im Reformhaus Andersch. Zu Recht, denn die Baby- und Kinderbekleidung ist ausschließlich ökologisch und biologisch. Es wird auch Secondhandware angeboten, die die gleichen Kriterien erfüllt.

Öffnungszeiten: Mo-Fr 9-19:30 Uhr, Sa 9-16 Uhr
Adresse: Glauburgstr. 77 | 60318 Frankfurt
T 0176 24031544 | **Web:** www.wollke7-frankfurt.de
www.facebook.com/Wollke7

BLUMENBAR

SONSTIGES

fairtrade & sozial | bio | ökologisch up/recycle | regional

Mit viel Liebe und Herzblut werden hier Pflanzen und Blumen an ihre neuen Besitzer gebracht. Dabei wird großen Wert darauf gelegt, dass saisonale und regionale Ware den Tresen verlässt.

Öffnungszeiten: Mo 8-18:30 Uhr, Di-Fr 9-18:30 Uhr, Sa 9-14 Uhr
Adresse: Eckenheimer Landstr. 74 | 60318 Frankfurt
T 069 59795965 | **Web:** www.blumenbar.net
www.facebook.com/Blumenbar-florale-Kunst

GUDWORK

SONSTIGES

bio | ökologisch up/recycle | barrierefrei

Liebevoll selbstgemachte Kissen in allen Formen und Farben, für jede Sitz-, Ruhe- oder Schlafgegelenheit kann man hier finden.

Öffnungszeiten: Di-Fr 12-18:30 Uhr, Sa 12-15 Uhr
Adresse: Rat-Beil-Str. 39 | 60389 Frankfurt
T 069 497365 | **Web:** www.gudwork.com

HOPPENWORTH & PLOCH

ESSEN & TRINKEN

fairtrade & sozial

Alle Kaffeesorten werden hier vor Ort geröstet. Das Besondere ist, dass sie sich zur Aufgabe gemacht haben, interessante und spezifische Kaffees anzubieten, wobei keine Röstaromen hinzugefügt und auch nichts weggenommen wird. Man ist also zum Probieren aufgefordert!

Öffnungszeiten: Di-Fr 8-21 Uhr, Sa+So 12-21 Uhr
Adresse: Friedberger Landstr. 86 | 60316 Frankfurt
T 069 84779249 | **Web:** www.hoppenworth-ploch.de
www.facebook.com/Hoppenworth-Ploch

LA BOUCHE – BISTRO UND CATERING

ESSEN & TRINKEN

fairtrade & sozial | bio | ökologisch up/recycle | regional | vegetarisch | vegan

Der Laden bietet nicht nur glutenfreie Speisen für sein Catering an, sondern auch mikrobiologische. Von lactosefreien ganz zu schweigen. Von Burgern über Salate bis zu ayurvedischen Gerichten ist alles dabei, natürlich fair und bio. Leider nur in Form eines Caterings. Die Preise sind auch fair.

Öffnungszeiten: nur Catering
Adresse: Kleiststr. 39 | 60318 Frankfurt
T 069 25426288 | **Web:** www.labouche-ffm.de

LADEN 100

SONSTIGES

ökologisch up/recycle

In diesem Geschäft kann man allerhand Kuriositäten finden: Kreative Kunstwerke, selbstgemachte oder handgemachte Gegenstände, Möbel und Accessoires aus vergangenen Jahrzehnten, upgecycelte Thermoskannen und generell umfunktionierte Gegenstände. All das nimmt die Ladeninhaberin auf Kommission an um es weiter zu verkaufen.

Öffnungszeiten: Di-Sa 11-19 Uhr
Adresse: Friedberger Landstr. 100 | 60316 Frankfurt
T 069 21009826 | **Web:** www.laden100.chayns.net
www.facebook.com/laden100

ORGANIC CERAMICS

SONSTIGES

bio

Feuer und Erde, diese beiden Elemente werden hier verwendet, um Keramik herzustellen. Dabei geht es nur darum, Formen entstehen zu lassen, die nicht in vorgegebene Formen gepresst sind. So entstehen liebevoll gefertigte Unikate.

Öffnungszeiten: Di-Fr 15-18 Uhr, Sa 11-16 Uhr
Adresse: Burgstraße 56 | 60316 Frankfurt
Web: www.organicceramics.de
www.facebook.com/organicceramics

Im Gespräch mit…

DAVID M. KANDELHARDT

Gründer von Ratioprint - Der garantiert gute Toner

Stell uns doch kurz Dein Projekt vor. Was ist „Ratioprint"?

Kurz gesagt ist Ratioprint der garantiert gute Toner!

In der Langversion bedeutet dies: wir bieten in unserem Onlineshop nachhaltige sowie faire Büroprodukte, vor allem Tintenpatronen und Toner, an. Heutzutage spielen Nachhaltigkeit sowie Verantwortung neben Kosteneinsparungen und Qualitätsanforderungen eine immer größere Rolle beim Einkauf von Büroartikeln. Dies gilt für Start-ups, gemeinnützige Organisationen, Konzerne aber auch für Privatpersonen. Ein wirkungsvoller Beitrag zur effektiven Ressourcen-Nutzung kann durch den Mehrfachgebrauch von Tonerkartuschen und Tintenpatronen geleistet werden. Unsere Produkte werden in Deutschland aus benutzen Artikeln wiederaufbereitet, ohne dabei Kompromisse in puncto Qualität einzugehen.

Mit Ratioprint wollen wir eine Marke schaffen, die die Aufmerksamkeit für Wiederverwendung erhöht. Dabei möchten wir nicht nur unsere Produkte verkaufen, sondern auch eine Diskussion anregen, wie Nachhaltigkeit als fester Bestandteil unseres Büroalltags gelebt werden kann.

Wie kamst Du auf die Idee?

Seit 2013 führe ich das von meinem Vater gegründete Fachhandelshaus für Bürokommunikation in zweiter Generation fort. Schon lange vertreiben wir dort hochwertige, wiederaufbereitete Produkte im Direktvertrieb.

Im Internet scheinen dem Kunden zurzeit nur zwei Alternativen geboten zu werden: den Kauf der teuren und nur bedingt nachhaltigen Originalpatrone des Druckerherstellers oder billige Nachbauten, die mit vermeintlich günstigen Preisen locken. Diese können aber nicht nur qualitativ minderwertig sein, sondern stellen auch ein echtes Entsorgungsproblem dar – sie können nämlich nicht recycelt werden und landen daher oft auf der Müllkippe.

Durch den Einsatz von wiederaufbereiteten Tonern und Tintenpatronen lassen sich umweltschonende Effekte erzielen, da sie durch professionelle Bearbeitung für einen weiteren Lebenszyklus aufbereitet werden. Bei weltweit über 500 Millionen Kartuschen, die jährlich auf der Müllhalde landen, eröffnet sich ein enormes Einsparpotenzial an Rohstoffen und in Folge, eine deutliche Reduzierung umweltbelastender Prozesse. Mit diesen Produkten möchten wir Verbraucher ermutigen, sich für eine effektive Alternative zu entscheiden.

Was waren die Startschwierigkeiten und wie bist Du damit umgegangen?

Natürlich haben wir die gleichen Startschwierigkeiten wie jedes Start-up, nämlich hohe Anlaufkosten für die Programmierung des Onlineshops, Datenpflege und Werbung. Dem standen ein geringes Bestellvolumen und hohem Konkurrenzdruck gegenüber. Wir haben versucht, die Prozesse so schlank wie möglich zu halten und vieles, vor allem die Datenpflege, gut automatisiert. Außerdem haben wir uns bisher vollständig selbst finanziert, so dass wir keine Zinslast erwirtschaften müssen.

Was bedeutet Nachhaltigkeit für Dich?

Viele kleine Entscheidungen, die alle Bereiche meines Lebens betreffen. Angefangen bei dem, was ich esse, lese, anziehe oder einkaufe. Dabei hoffe ich, im Lauf der Zeit wenigstens einige gute und nachhaltige Entscheidungen getroffen zu haben, beziehungsweise sie in der Zukunft zu treffen. Außerdem glaube ich als Christ, dass Gott mich mit vielen Ressourcen beschenkt hat, dazu gehören auch meine Zeit und meine Talente. Für den verantwortungsbewussten Umgang damit bin ich dann auch zuletzt Gott gegenüber verantwortlich.

Wie siehst Du die aktuelle gesellschaftliche Situation? Was läuft schief, was gibt Hoffnung?

Wir haben ein zunehmend problematisches Konsumverhalten und eine leider immer größer werdende Schere zwischen den Einkommen. Die Herausforderungen liegen vor allem darin, Anreize zu schaffen, die den Verbraucher motivieren, nachhaltige Produkte zu kaufen. Um dies zu erreichen, müssen Einkommen besser verteilt werden, damit eine breitere Bevölkerungsschicht über die entsprechenden finanziellen Mittel verfügt. Hoffnung machen mir die vielen tollen Initiativen von Start-Ups, aber auch von etablierten Unternehmen. Außerdem kommen mittlerweile immer mehr gut ausgebildete junge Akademiker in Unternehmen, die nicht allein Ihre Karriere im Blick haben. Das sind tolle Entwicklungen!

Ratioprint
Der garantiert gute Toner

Ratioprint GmbH

Am Kleiansacker 22
40489 Düsseldorf

Telefon: 0211 – 37 06 753
Fax: 0211 – 37 38 53
Email: info@ratioprint.de

BERGER
KINO

Stadtteil:

BORNHEIM

Straße
Friedberger Landstraße
Else-Epstein-Weg
Anna-Beyer-Str.
Bernhard-Becker-Str.
Am Wasserpark
Dortelweiler Str.
Wasserleitungsweg
Wasserpark
Auf der Ulmenklaue
Melsunger Str.
Heinz-Herbert-Karry-Str.
Arolser Str.
Dortelweiler Straße
Hungener Straße
Schlinkenweg
An den Röthen
Preungesheimer Str.
Vereinsstraße
Seckbacher Landstr.
Wöllstädter Str.
Am Ameisenberg
Ilbenstädter Str.
Bönstädter Str.
Berger Straße
Kohlbrandstr.
Eulengasse
Münzenberger Str.
Butzbacher Str.
Licher Str.
Wetteraustr.
Comeniusstraße
Weidenbornstr.
Hartmann-Ibach-Straße
Gellertstr.
Rotlintstr.
Hallgartenstraße
Günthersburgpark
Usinger Str.
Im Prüfling
Rendeler Straße
Turmstr.
Große Spillingsg.
Freihofstr.
Inheidener Straße
Buchwaldstr.
Martin-Luther-Straße
Böttgerstr.
Alt-Bornheim
Berger Str.
Gronauer Str.
Rohrbachstr.
Günthersburgallee
Heidestr.
Löwengasse
Ortenberger Straße
Rothschildallee
Gabelsbergerstr.
Wiesenstr.
Saalburgstr.
Andreaestr.
Pestalozzistr.
Egenolffstraße
Germaniastr.
Petterweilstraße
Ringelstraße
Orthstr.
Wittelsbacherallee
Karl-Albert-Str.
Martin-Luther-Str.
Eichwaldstraße
Ettingerstr.
Freiligrathstr.
Karl-Flesch-Str.
Höhenstr.
Burgstr.
Mainkurstr.
Saalburgallee
Schleiermacherstr.
Heidestr.
Roßdorfer Str.
Gagernstr.
Maximilianstr.
Schopenhauerstr.
Leibnizstr.
Burgstraße
Luisenstr.
Bornheimer Landwehr
Würzburger Str.
Scheidswaldstr.
Linnestraße
Elkenbachstr.
Reinganumstr.
Gagernstr.
Parlamentsstraße
Alleenring
Ingolstädter Str.
Musikantenweg
Merianpl.
Scheidswaldstr.
Habsburgerallee
Dahlmannstr.
Röderbergweg
Herderstr.
Hegelstr.
Kantstr.
Sandweg
Wingertstraße
Wittelsbacherallee
Helmholtzstr.
Brüder-Grimm-Str.
Luxemburgerallee
Auerswaldstr.
Jacobystr.
Carl-Heicke-Weg
Ostparkstraße
Baumweg
Mousonstr.
Waldschmidtstraße
Rhönstr.
Ravensteinstr.
Geibelstr.
Droysenstr.
Kinkelstr.
Königswarterstr.
Thüringer Str.
Rhönstraße
Robert-Blum-Str.
Röderbergweg
1
2
3
4
5
6
7
8
9
10
11
12
13
14

1. *Chimichurri*
2. *Extravegant*
3. *Wondergood*
4. *Dr. Jackett & Mr. Kleid*
5. *Kreis zu Quadrat*
6. *Monsters Kinder 2nd Hand*
7. *SchubLaden*
8. *Alnatura*
9. *Denningers Mühlenbäckerei*
10. *Naturland Biometzgerei Spahn*
11. *Veganz*
12. *Weltladen Bornheim*
13. *Naumann und Eisenbletter*
14. *Qverfield*

CHIMICHURRI

ESSEN & TRINKEN

fairtrade & sozial | bio | ökologisch up/recycle | regional | vegetarisch | vegan | kinderfreundlich

Hier findet man eine vegane, kreative Küche mit sorgsam ausgewählten Weinen in neu gestalteten Räumlichkeiten. Exotische Gerichte aus aller Welt: knackige Salate, leckere Pastagerichte, Quiches, Panini. Das Essen wird frisch und auf pflanzlicher Basis hergestellt.

Öffnungszeiten: Di-Fr 18-23 Uhr, Sa 18-24 Uhr, So 10-23 Uhr
Adresse: Im Prüfling 63 | 60389 Frankfurt
T 069 13825299 | **Web:** www.chimichurri-frankfurt.de
www.facebook.com/chimichurrifrankfurt

EXTRAVEGANT

ESSEN & TRINKEN

bio | vegan | fairtrade & sozial

Viele Frühstücksvariationen, einen täglich wechselnden Mittagstisch und viele tolle Leckereien am Nachmittag locken das Publikum. Das Besondere: Alles ist vegan und bio. Frische Waren werden von einem regionalen Biogroßhandel für Produkte aus biologischem Anbau hergestellt.

Öffnungszeiten: Mo-Fr 9:30-18 Uhr, Sa+So 9-19 Uhr
Adresse: Berger Str. 154 | 60385 Frankfurt
T 069 27249532 | **Web:** www.extravegant-ffm.de
www.facebook.com/extravegant.allesausliebe

WONDERGOOD

ESSEN & TRINKEN

fairtrade & sozial | bio | ökologisch up/recycle | regional | vegetarisch | vegan

Das vegetarisch-vegane Restaurant bietet auf seiner überschaubaren Karte ausgefallene Gerichte an, die größtenteils aus der Region kommen und bio sind. Sehr zu empfehlen sind auch die veganen Kuchen und Torten. Die gemütliche Landhausstil-Umgebung lädt zum Verweilen und Entspannen ein.

Öffnungszeiten: Mo 18-23 Uhr, Di-Do 12-15 und 18-23 Uhr, Fr-Sa 12-15 und 18-24 Uhr
Adresse: Preungesheimer Str. 1 | 60389 Frankfurt
T 069 20162762 | **Web:** www.wondergood.de
www.facebook.com/wondergood.de

DR. JACKETT & MRS. KLEID

KLEIDUNG, KOSMETIK & CO

ökologisch up/recycle

Hier gibt es gebrauchte Markenklamotten und No-Name-Ware in absolut einwandfreiem Zustand und günstigem Preis. Auch vieles aus vergangenen Zeiten, die teilweise nie angezogen wurden - einfach wunderbar zum Stöbern!

Öffnungszeiten: Mi-Fr 14-18 Uhr, Sa 11-14 Uhr
Adresse: Arnsburger Str. 38 | 60385 Frankfurt
T 069 4950795

KREIS ZU QUADRAT

KLEIDUNG, KOSMETIK & CO

fairtrade & sozial | bio | ökologisch up/recycle | regional

Das ist der Ort für Up- und Recyling Produkte im Ecocyling-Design in Frankfurt. Das Angebot reicht über Schmuck zu Taschen, Wohndekoration, Kleidung und vielem mehr. Dabei wird großen Wert auf Qualität, Design, fairen Handel und faire Produktionsbedingungen gelegt.

Öffnungszeiten: Mo-Sa 11-19 Uhr
Adresse: Berger Str. 214 | 60385 Frankfurt
T 069 96867910 | **Web:** www.kreiszuquadrat.de
www.facebook.com/KreiszuQuadrat

MONSTERS KINDER 2ND HAND

KLEIDUNG, KOSMETIK & CO

ökologisch up/recycle | barrierefrei | kinderfreundlich

Dieser Secondhandladen bietet sehr gut erhaltene Kleidung für Kinder zu fairen Preisen an. Daneben gibt es jedoch auch die Möglichkeit, Spielzeug, Zubehör und Bücher in 2a-Ware zu erwerben. Eine gemütliche Erholungsecke für die Eltern rundet den Laden ab.

Öffnungszeiten: Di-Fr 10-13 und 14-17:30 Uhr, Sa 11-15 Uhr
Adresse: Wiesenstr. 46 | 60385 Frankfurt | **T** 069 15345269
Web: www.monsters-bornheim.de

SCHUBLADEN

KLEIDUNG, KOSMETIK & CO

fairtrade & sozial | barrierefrei

Der Schubladen bietet neben umweltfreundlichen Produkten aus den Bereichen Schul- und Bürobedarf auch Kinderspielsachen und Geschenkartikel, Schmuck sowie selbst gefertigte Waren wie Taschen, Schals und Mützen an.

Öffnungszeiten: Mo+Di+Do+Fr 9:30-18:30 Uhr,
Mi 9:30-15 Uhr, Sa 10-14 Uhr
Adresse: Spessartstr. 11 | 60385 Frankfurt
T 069 46003604 | **Web:** www.faprik.com/Web/index.schubladen.html

ALNATURA

LEBENSMITTEL & TÄGLICHER BEDARF

fairtrade & sozial | bio | ökologisch up/recycle | regional | barrierefrei

Dieser übersichtliche und gut sortierte Bio-Supermarkt bietet neben einer großen Auswahl an regionalen, frischen Bio-Lebensmitteln auch Kosmetika und Kindernahrung sowie Bekleidung an.

Öffnungszeiten: Mo-Sa 8-20 Uhr
Adresse: Burgstr. 106 | 60389 Frankfurt
T 069 29721778 | **Web:** www.alnatura.de
www.facebook.de/alnatura

DENNINGERS MÜHLENBÄCKEREI

LEBENSMITTEL & TÄGLICHER BEDARF

bio | ökologisch up/recycle | regional

Brot, Brötchen, Kuchen und Süßes: jedes Stück ist das Ergebnis aus der gesunden Verbindung von Tradition, Moderne, handwerklicher Sorgfalt und biologischen Rohstoffen aus der Region. Die Steinmühlen mahlen bewusst langsam und behandeln dadurch alle Getreide-sorten besonders schonend. Auch bei allen weiteren Schritten wird wir den Zutaten Zeit gegeben, ihre Qualitäten voll zu entfalten.

Öffnungszeiten: Mo-Fr 7-18:30, Sa 7-14 Uhr (Wochenmarkt bis 16 Uhr)
Adresse: Berger Straße 196 | 60385 Frankfurt | **T** 069 257564150
Web: www.denningers-muehlenbaeckerei.de

NATURLAND BIOMETZGEREI SPAHN

LEBENSMITTEL & TÄGLICHER BEDARF

bio | regional | barrierefrei

Diese Feinkost-Biometzgerei mit Partyservice ist in Frankfurt eine absolute Seltenheit. Sie verbindet Qualität, den direkten Bezug zu Biolandwirten und eine eigene Bio-Produktion mit Groß- und Internethandel. Dabei kann sie auf mehr als 160 eigene Bio-Wurst- und Schinkensorten zurückgreifen. Die veganen Produkte werden in mehr als 50 Teegut-Filialen angeboten.

Öffnungszeiten: Mo-Sa 10-18 Uhr
Adresse: Berger Str. 222 | 60385 Frankfurt
T 069 455481 | **Web:** www.biospahn-vegan.de
www.facebook.com/Biospahnvegan

VEGANZ

LEBENSMITTEL & TÄGLICHER BEDARF

fairtrade & sozial | bio | ökologisch up/recycle | vegetarisch | vegan | barrierefrei | kinderfreundlich

Ein veganer Supermarkt vereint mit dem veganen Lifestyle. Durch das Zusammenspiel von einem guten Kundenservice, über hochwertige Produkte und Events wird versucht, das Interesse für die vegane Lebensweise zu wecken. Hierzu dienen: Messen, Küchen-Seminare, Filmabende und Kochkurse. Das Sortiment besteht aus exklusiven, veganen Produkten: Lebensmittel, Getränke, Tiernahrung, Bücher und Haushaltsgegenstände.

Öffnungszeiten: Mo-Sa 9-20 Uhr, So 11-16 Uhr
Adresse: Spessartstr. 2 | 60385 Frankfurt | **T** 069 23807792
Web: www.veganz.de | www.facebook.com/VeganzWirLiebenLeben-Frankfurt

WELTLADEN BORNHEIM

LEBENSMITTEL & TÄGLICHER BEDARF

fairtrade & sozial | bio | barrierefrei | plastikfrei

Der Weltladen bietet Lebensmittel und Kunsthandwerke aus benachteiligten Ländern an. Neben einer großen Anzahl an Lebensmitteln, von denen vor allem der Kaffee sehr lecker und aromatisch ist, gibt es hier auch eine Vielzahl an Accessoires und Gebrauchsgegenständen, die fast immer aussehen wie Deko-Artikel.

Öffnungszeiten: Mo-Fr 10-19 Uhr, Sa 10-18 Uhr
Adresse: Berger Str. 133 | 60385 Frankfurt
T 069 4930101 | **Web:** www.weltladen-bornheim.de
www.facebook.com/Weltladen.Bornheim.Frankfurt

NAUMANN UND EISENBLETTER

KLEIDUNG, KOSMETIK & CO

fairtrade & sozial | kulturelles konzept

Eine charmante kleine Buchhandlung. Eng, chaotisch eingerichtet, herrlich zum stöbern. Hier liegen Neuausgaben neben antiquarischen Büchern, Bildbände neben Frankfurter Krimis und Kinderbücher neben Sachbüchern. Alles ist aufeinander und nebeneinander gestapelt und hat trotzdem ein System. Jedenfalls finden die beiden netten Betreiber auf Anhieb jedes gesuchte Buch.

Öffnungszeiten: Mo-Fr 9:30-18:30 Uhr
Adresse: Berger Str. 168 | 60385 Frankfurt
T 069 4940380

QVERFIELD

KLEIDUNG, KOSMETIK & CO

fairtrade & sozial | ökologisch up/recycle | kulturelles konzept

Qverfield bietet einen offenen Raum für gemeinsame Projekte und Ausstellungen, die sich im Spannungsfeld zwischen Kunst und Design befinden. Es eröffnet sich eine Plattform, um außergewöhnliche Arbeiten von engagierten Menschen vorzustellen. Die Objekte die ausgestellt werden, haben einen nachvollziehbaren Herstellungsprozess und entstehen oft in Handarbeit oder mittelgroßen Manufakturen vorwiegend in Europa.

Öffnungszeiten: Mi-Fr 10-18 Uhr, Sa 11-16 Uhr
Adresse: Wittelsbacherallee 119 | 60385 Frankfurt
T 069 27273700 | **Web:** www.facebook.com/Qverfield

Im Gespräch mit…

JEANINE MARTIN, SANDRA ELM UND BEATRICE ANLAUFF

über Kreis zu Quadrat, Re-Cover und Fraktali

Stellt uns doch kurz eure Projekte vor. Was ist Kreis zu Quadrat, Re-Cover, Fraktali?

KREIS ZU QUADRAT: ist der Ort in Frankfurt am Main mit dem Schwerpunkt auf Recycling-, Upcycling- und Eco-Design. Seit 2013 sind wir mit unserem Laden im Herzen von Bornheim zu finden und präsentieren auf knapp 100 m² Upcyclingprodukte aus aller Welt und der eigenen Produktion.

Das können Damenkleider sein, die einmal Herrenhosen waren, eine Sitzbank, die eine Vergangenheit als Leitplanke hatte oder Taschen und Portemonaies aus pensionierten Feuerwehrschläuchen. Am besten entdeckt man die ganze Vielfalt bei einem Besuch in unserem Laden.

FRAKTALI: Einstmals mit viel Energieaufwand produzierte Produkte werden von mir verändert und mit einer neuen Funktion versehen. Dadurch erhalten sie ein „zweites Leben" und werden wieder aufgewertet.

RE-COVER: Ich recycle alte Lieblings-T-Shirts und fertige daraus Cover für Notizbücher, Handies, Brillen, EC-Karten und Kopfhörer, beziehe Lampen, Stühle, Kissen, Knöpfe und nähe Schals und Decken daraus und biete meinen Kunden Alternativen zur Entsorgung von Lieblings-Stücken.

Wie kamt ihr jeweils auf die Idee?

KREIS ZU QUADRAT: Ich beschäftige mich bereits sehr lange mit dem Thema Upcycling und den Traum etwas in der Richtung zu machen, hegte ich seit Jahren. Es wird heutzutage so viel weg geworfen und verschwendet, das ein „Weiterleben" in anderer Form mehr als verdient hätte. Es macht mir Spaß meine eigene Kreativität ausleben zu können und aus anderer Leute „Müll" neue Produkte zu entwerfen und herzustellen. Doch der eigene Spaß steht nicht unbedingt im Vordergrund, ich möchte mit meinen eigenen wie auch mit den Produkten der anderen Designer und Hersteller in meinem Laden, den Kunden zeigen, dass Materialien nicht immer neu produziert sein müssen. Nehmen wir beispielsweise die Mode von Globe Hope aus Finnland. Dort werden Kleidungsstücke aus alten oder übrig gebliebenen Werkstoffen gefertigt, so dass bei der Produktion um ein vielfaches weniger an Strom und Wasser benötigt wird, als in der herkömmlichen Bekleidungsindustrie.

FRAKTALI: Während meines Kunststudiums in Melbourne fing ich an alte Gegenstände zu Kunstobjekten um zu formieren. Nach meiner Rückkehr nach Deutschland ließ mich diese Idee nicht mehr los. Ich fing an mit verschiedenen Materialien zu arbeiten und gestalte jetzt Raum- und Lichtobjekte.

re-cover: Jeder kennt das. Auf der Suche nach einem bestimmten Kleidungsstück findet man das alte, längst vergessene Lieblings-T-Shirt wieder. Dessen beste Zeit ist längst vorbei und man hat es seit Jahren nicht mehr getragen. Aber sich endgültig davon zu trennen, geht gar nicht, denn dafür stecken zu viele Erinnerungen darin. Was also tun damit?

Was waren die Startschwierigkeiten und wie seid ihr damit umgegangen?

KREIS ZU QUADRAT: Die größte Hürde zu Beginn, war ich selber. Bis ich den Mut aufbringen konnte, meinen sicheren Job an den Nagel zu hängen, hat eine ganze Weile gedauert. Als der Entschluss fest stand und ich ins kalte Wasser springen wollte, war es gar nicht so einfach in Frankfurt einen passenden und bezahlbaren Laden zu finden. Letztendlich hat alles geklappt und ich würde es genauso wieder machen.

FRAKTALI: Als ich mich vor vier Jahren im Bereich Upcycling selbstständig machte, war das Thema noch nicht soweit verbreitet in Frankfurt. Neben meiner kreativen Arbeit hatte ich viel mit Aufklärung des Sinnes dieser Arbeit zu tun. Wichtig war und ist für mich an meine Arbeit zu glauben und das die Sensibilisierung für dieses Thema Zeit braucht.

RE-COVER: Die Startschwierigkeiten hören nicht auf :). Es vergeht kein Tag, der nach Plan verläuft. Das Gute daran ist, man wird zum Improvisationstalent.

Was bedeutet Nachhaltigkeit für Euch?

KREIS ZU QUADRAT: Nachhaltigkeit heißt für mich, ein rücksichtsvoller Umgang mit meinem Umfeld. Der Begriff ist für mich sehr vielschichtig und umfasst nicht nur Produktionsprozesse sondern vor allem auch das Miteinander in unserer Gesellschaft. Häufig denkt jeder nur noch an sich und seine Vorteile, dabei kann gemeinsam so viel mehr erreicht werden. Vielleicht bin ich eine unverbesserliche Optimistin, doch ich glaube, wenn jeder bei sich im Kleinen anfängt, kann großes bewirkt werden. Ob dass der Verzicht auf Plastiktüten ist oder die Entscheidung für Kleidung aus ökologischer und fairer Herstellung um nur mal zwei kleine Beispiele zu nennen.

FRAKTALI: Upcycling ist ein Teil von Nachhaltigkeit. Durch die Wiederverwertung von bereits vorhandenem Material werden die Neuproduktion von Rohmaterialien reduziert, die Ressourcen geschont und der Energieverbrauch, die Luft- und Wasserverschmutzung sowie Treibhausgasemissionen verringert. Durch meine Arbeit kann ich einen kleinen Teil zum Schutz der Ressourcen beisteuern.

RE-COVER: Heute etwas zu tun, zu dem ich auch morgen noch stehe. Und in 10 Jahren.

Was ist euer Lieblingsort in Frankfurt? Habt ihr einen Geheimtipp?

KREIS ZU QUADRAT: Ein Geheimtipp ist es vielleicht nicht unbedingt, doch ich bin sehr gerne im Frankfurter Garten am Danziger Platz. Ich wäre gern öfter dort, doch leider fehlt dazu meistens die Zeit. Ansonsten mag ich die ganzen Parks in Frankfurt sehr und natürlich das Mainufer…vor allem bei schönem Wetter.

FRAKTALI: Der chinesische Garten im Bethmannpark.
re-cover: Der Hinterhof des Café Crumble in Bockenheim – eine Oase zum Kaffeehaus-Hocken, Menschen beobachten, lesen und Ideen in einem Notizbuch festhalten.

Wie seht ihr die aktuelle gesellschaftliche Situation? Was läuft schief, was gibt Hoffnung?

KREIS ZU QUADRAT: Zu dieser Frage könnte ich Romane schreiben. Kurz und knapp zu antworten fällt mir bei diesem Thema schwer.
FRAKTALI: Wir leben in einer Konsumgesellschaft. Dabei liegt das Hauptaugenmerk auf dem Profit und nicht mehr auf der Qualität. Es werden Produkte erschaffen, welche keine lange Lebensdauer mehr haben dürfen. Früher hielten die Produkte länger als die Garantiezeit. Heute werden z.B. einige Produktgruppen so programmiert, dass sie kurz nach der Garantiezeit aufhören zu arbeiten. Eine Wegwerfgesellschaft entsteht. Es gibt aber auch hier Hoffnung. Ich kann beobachten, dass sich immer mehr Menschen bewusster für Qualitätsprodukte entscheiden. Dabei auch über die Herkunft und was passiert danach erkundigen. Es ist eine Veränderung zu spüren.
RE-COVER: Wir leben in einer To-Go-Gesellschaft. Jeder will Alles sofort, günstig und am liebsten zum Mitnehmen. Entschleunigung tut not. Und wird sich durchsetzen. Hoffnung gibt, dass Print nicht totzukriegen sein wird, dass Menschen wieder regional einkaufen, gemeinsam kochen und spielen und dass es keine Möglichkeit gibt, Haptik online darzustellen.

Und im speziellen Bezug auf Frankfurt?

Hoffnung gibt mir, das tolle Kreativ- und Nachhaltigkeits-Netzwerk hier in Frankfurt. Man versucht an einem Strang zu ziehen, sich gegenseitig zu unterstützen und neue Projekte zu verwirklichen. Ich glaube, das ist wirklich etwas Besonderes und in einer Großstadt normalerweise eher selten anzutreffen.
FRAKTALI: Immer mehr Personenkreise in den verschiedenen Altersgruppen fangen an sich mit dem Thema Upcycling auseinander zu setzen. Das geht bei Bastelangeboten in Kitas los über Projektwochen an Schulen bis zu Workshops bei Erwachsenen bis ins Rentenalter. Es werden in den verschiedenen Projekten mit den eigenen Händen alte Gegenstände unter Anleitung umfunktioniert. Das gibt Anstöße selbst etwas zu erschaffen und über unsere Wegwerfgesellschaft nachzudenken.
RE-COVER: Wir haben endlich ein Repair-Café. Der Trend geht Richtung Erhaltung, Reparatur und Recycling.
Es wimmelt an Flohmärkten und Tauschbörsen. Alles Zeichen, dass wir eigentlich von allem schon genügend haben.

KREIS ZU QUADRAT
Berger Strasse 214
60385 Frankfurt am Main
Telefon: +49 (69) 96867910
Website: www.kreiszuquadrat.de
Email: info@kreiszuquadrat.de

FRAKTALI - Atelier von Beatrice Anlauff
Linnéstr. 3
60385 Frankfurt
+49 (0) 178 148 2993
mail@fraktali.de
mail@beatriceanlauff.de

RE-COVER
Verkauf im Werkstatt-Laden
Basaltstraße 27
60487 Frankfurt am Main
Öffnungszeiten:
derzeit noch nach Absprache
Web: www.re-cover.de
Captain mobil: 0178 / 555 20 40

Stadtteil:

OSTEND

Nordend-str.
Schwarzburgstraße
Humboldtstr.
Glauburgstraße
Gluckstr.
Lenaustraße
Lortzingstraße
Spohrstr.
Weberstraße
Neuhofstraße
Keplerstraße
Stalburgstr.
Eckenheimer Landstraße
Wielandstr.
Lenaustr.
Zeißelstr.
Humboldtstr.
Koselstraße
Oberweg
Rapp-str.
Hebel-str.
Jahnstr.
Scheffelstr.
Mercatorstr.
Unterweg
Peters-str.
Bleichstr.
Alte G.
Peterskirchhof
Große Friedberger Str.
Schäferg.
Brönnerstr.
Konrad-Adenauer-Str.
Zeil
Zeil
Zeil
Klingerstr.
Klapperfeld-str.
Heiligkreuzg.
Albusstr.
Breite G.
Allerheiligenstr.
Töngesg.
Fahrgasse
Hasengasse
Kurt-Schumacher-Straße
Battonnstraße
Domstr.
Fahrgasse
Börne-pl.
Rechneigrabenstr.
Weck-mkt.
Saalg.
Mainstr.
Fischerfeldstr.
Schützenstr.
Schöne Aussicht
Mainkai
Alte Br.
Maininsel
Sachsenhäuser Ufer
Deutschherrnufer
Dreikönigsstr.
Schulstr.
Paradiesgasse
Elisabethenstr.
Walter-Kolb-Straße
Dreieichstr.
Klappergasse
Große Rittergasse
Seehofstr.
Ignatz-Bubis-Br.
Flößerbr.
Lange Str.
Schwanenstr.
Oskar-von-Miller-Str.
Oskar-von-Miller-Str.
Obermainstr.
Uhlandstr.
Weseler Werft
Walther-von-Cronberg-Pl.
Deutschherrnufer
Zum Apothekerhof
Zum Pommerhof
Gipelhof
Zum Laurenburger Hof
Rohrbachstr.
Rohrbachstr.
Rotlintstr.
Egenolffstraße
Rotlintstr.
Vogelsbergstr.
Friedberger Landstr.
Günthersburgallee
Bornheimer Landstr.
Bäckerweg
Feststr.
Merianstraße
Elkenbachstr.
Gaußstr.
Elkenbach-str.
Herderstr.
Merian-pl.
Luisenstr.
Berger Straße
Musikantenweg
Kantstr.
Hegelstr.
Musikantenweg
Baumweg
Bethmannpark
Fichtestr.
Seilerstr.
Sandweg
Mousonstr.
Königswarterstr.
Grüne Straße
Theobald-Christ-Str.
Rückertstraße
Windeckstr.
Hanauer Landstr.
Ostendstr.
Howaldstr.
Sonnemannstraße
Rothschildallee
Martin-Luther-Str.
Burgstraße
Luisenstr.
Schopenhauerstr.
Burg-str.
Schleiermacherstr.
Heidestr.
Leibniz-str.
Höhenstr.
Günthersburgallee
Gabelsberger-str.
Germaniastr.
Burgstraße
Petterweilstraße
Eichwaldstraße
Wiesenstr.
Heidestr.
Im Prüfling
Saalburgstr.
Berger Straße
Arnsburger Straße
Roßdorfer
Scheidswaldstr.
Würzburger Str.
Bornheimer
Linnestraße
Alleenring
Ingolstädter Str.
Habsburgerallee
Wingertstraße
Wittelsbacherallee
Waldschmidtstraße
Thüringer Str.
Rhönstraße
Brüder-Grimm-Str.
Helmholtzstr.
Dahlmannstr.
Am Tiergarten
Röderbergweg
Dörnigheimer
Kesselstädter Str.
Bärenstraße
Hanauer
Hana
Eytelweinstraße
Mayfarthstr.
Hafen
1
3

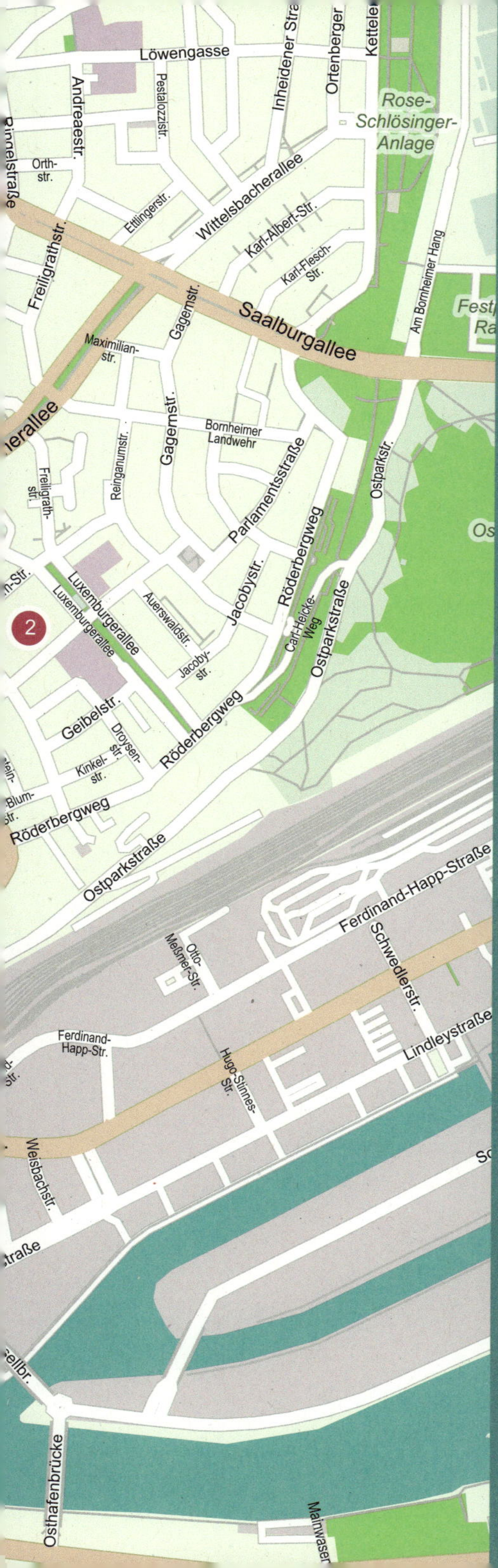

1. Aniis - Raum für Kaffeekultur
2. Edelkiosk
3. Mittwochs-Markt im Frankfurter Garten

ANIIS - RAUM FÜR KAFFEEKULTUR

ESSEN & TRINKEN

bio | regional | vegetarisch

Dies ist der Raum für Kaffeekultur der neuen Generation: der eigentliche Kaffeegeschmack und die Geschmacksvielfalt verschiedener Kaffeesorten treten in den Mittelpunkt. Neben Kaffeespezialitäten bieten sie Frühstück, Sandwiches, Salate, Mittagstisch und Kuchen an. Die Küche ist experimentierfreudig, kreativ, abwechslungsreich und mit einem Hauch Orient.

Öffnungszeiten: Mo-Fr 7:30-18 Uhr, Sa 10-17:30 Uhr
Adresse: Hanauer Landstr. 82 | 60314 Frankfurt
T 069 94411228 | **Web:** www.aniis.de
www.facebook.com/ANIIS-Raum-für-Kaffeekultur

EDELKIOSK

ESSEN & TRINKEN

bio | ökologisch up/recycle | regional | vegetarisch | vegan | barrierefrei | kulturelles konzept

Dienstags bis freitags werden herzhafte Snacks angeboten, ein reichhaltiges Frühstück jedes Wochenende. Dabei werden alle Backwaren selbst und vor Ort hergestellt, ebenso wie die Heiß- und Kaltgetränke. Die Krönung für so manchen heimlichen Nerd ist aber vielleicht die Super Nintendo.

Öffnungszeiten: Di-Fr 10-19 Uhr, Sa+So 10-18 Uhr
Adresse: Rhönstr. 119 | 60385 Frankfurt
T 069 47862404 | **Web:** www.edelkiosk.de
www.facebook.com/edelkiosk

MITTWOCHS-MARKT IM FRA. GARTEN

LEBENSMITTEL & TÄGLICHER BEDARF

bio | regional

Bio-Ware aus der Region, saisonales Obst und Gemüse, Bio-Bratwurst, Crêpes, Marmelade, Feinkost, Wein

Öffnungszeiten: Mi 12-20 Uhr
Adresse: Danziger Platz | 60314 Frankfurt
Web: www.frankfurter-garten.de
www.facebook.com/Frankfurter-Garten

Im Gespräch mit…

MARLENE HAAS

Gründerin von LABL.Frankfurt

Stell uns doch kurz Dein Projekt vor. Was ist LABL.Frankfurt?

Labl ist eine lokale Gemeinschaft aus engagierten Akteuren, die einen Beitrag zur nachhaltigen Entwicklung leisten (möchten). Es wurde vom gemeinnützigen Kompetenzzentrum „Lust auf besser leben" als Pilotprojekt gegründet.

Unsere Gemeinschaft lebt von der Vielfalt ihrer Teilnehmer. Interessierten bieten wir offline über die von uns zertifizierten Nachhaltigkeitsbotschafter und Bildungsveranstaltungen die Chance, mit ihrem Handeln etwas zu bewegen. Des Weiteren fungiert die Labl.FRANKFURT-App als Nachhaltigkeitswegweiser.

Kurzum: Labl ist eine Gemeinschaft für mehr Lebensqualität und Nachhaltigkeit, in der jeder von uns zum Gestalter unserer Welt wird.

Wie kamst Du auf die Idee?

2013 habe ich als Einzelunternehmerin für den Heldenmarkt in Frankfurt die lokale Ausstellerakquise betreut. Dabei sind mir viele nachhaltige Betrieben begegnet, die sich untereinander noch nicht kannten und, die mir noch nicht bekannt waren. Das wollte und will ich ändern.

Was waren die Startschwierigkeiten und wie bist Du damit umgegangen?

Finanzierungsprobleme. Damit haben wir immer noch zu schaffen. Wir wollen nicht die marktwirtschaftlichen Mechanismen einsetzen, sind aber auch kein typisches Spenden- oder Förderprojekt. Das macht die Finanzierung schwer, da sie momentan nur über Einnahmen aus dem Nachhaltigkeitsbotschafterprogramm gesichert ist. Aber wir stehen hinter unseren vordefinierten Werten und machen weiter.

Was bedeutet Nachhaltigkeit für Dich?

Mittlerweile bedeutet es für mich die Schaffung selbstbewusster, vertrauensvoller Strukturen, in einer Stadt oder in der Weltbevölkerung, in der jedem Menschen seine Gestaltungsfertigkeiten bewusst sind und zu verantwortungsvollem Handeln führen.

Was ist Dein Lieblingsort in Frankfurt? Hast Du einen Geheimtipp?

Zwischen der alten und neuen Osthafenbrücke (Honsellbrücke) geht es vom Ostend kommend am Kreisel die Franziusstraße links runter. Wenn Ihr dann direkt links auf das Fabrikgelände einbiegt und unter der Brücke durchfahrt, kommst Ihr an die Spitze einer kleinen Insel – die Aussicht ist grandios!

Wie siehst Du die aktuelle gesellschaftliche Situation? Was läuft schief, was gibt Hoffnung?

Einerseits läuft gefühlt ziemlich viel schief. Ich frage mich zunehmend, was passieren sollte, um die Evolution des Menschen zu einem gemeinwohlorientierten Wesen anzutriggern. Andererseits gibt es viele Initiativen, Unternehmen und Politiker, die gemeinwohlorientiert handeln. Die zentralen Fragen sind für mich: wollen wir unseren Arsch retten, den der kommenden Generationen und den der Menschen generell oder den Lauf der Ereignisse akzeptieren?

Und im speziellen Bezug auf Frankfurt?

Hier gibt es gerade einen Wandel hin zu einem Bewusstsein dafür, dass wir uns alle brauchen, um eine nachhaltige Entwicklung zu gestalten. Auch wenn der Prozess nur stockend in Gang kommt, bleibe ich optimistisch, dass sich immer mehr Menschen in die bestehenden Strukturen einmischen.

lust auf besser leben

Lust auf besser leben
Kinkelstraße 9
60385 Frankfurt

kontakt@lustaufbesserleben.de
www.lustaufbesserleben.de

WEITERE STADTTEILE

NEUFUNDLAND FRANKFURT

SONSTIGES

fairtrade & sozial | ökologisch up/recycle | regional

Das Secondhand-Kaufhaus Neufundland bietet günstige Möbel, Einrichtungsstücke und Haushaltsgeräte. Das Besondere daran: Jedes Teil ist ein Unikat. Elektrogeräte stammen aus dem Recyclingzentrum Frankfurt und wurden von hauseigenen Elektromeistern repariert. Neufundland bietet den Service an, gut erhaltene Gebrauchtmöbel kostenlos zur Wiederverwertung abzuholen. Als Qualifizierungsbetrieb ermöglicht Neufundland arbeitsuchenden Menschen qualifizierende Beschäftigung an.

Öffnungszeiten: Mo-Fr 10-18 Uhr, Sa 10-16 Uhr
Adresse: Lärchenstr. 135 | 65933 Frankfurt am Main
T 069 9399960 | **Web:** www.neufundland-frankfurt.de
www.facebook.com/neufundland.frankfurt

RECYCLINGZENTRUM FRANKFURT

SONSTIGES

fairtrade & sozial | ökologisch up/recycle

Das Recyclingzentrum Frankfurt sammelt gebrauchte und defekte Elektrogeräte zur Reparatur oder Demontage und weitergehenden Verwertung. Der anschließende Wiederverkauf reparierter Elektrogeräte erfolgt zu günstigen Preisen im Secondhand-Kaufhaus Neufundland. Unverwertbare Bestandteile werden vom Recyclingzentrum umweltgerecht entsorgt. Zentrales Ziel ist die Reduzierung von Elektroschrott. Zusätzlich sorgt es für die Wiedereingliederung langzeitarbeitsloser Menschen.

Öffnungszeiten: Mo-Do 7:30-16 Uhr, Fr 7:30-14:30 Uhr
Adresse: Lärchenstr. 131 | 65933 Frankfurt am Main
T 069 942163100
Web: www.recyclingzentrum-frankfurt.de

HÖCHST

ÖKO-LADEN

LEBENSMITTEL & TÄGLICHER BEDARF

fairtrade & sozial | bio | ökologisch up/recycle | regional

Ein Bio-Laden mit langjähriger Tradition: Angefangen als Hinterhofladen, bietet ÖKO-Laden heute ein breites Sortiment an Lebensmitteln, Getränken, Kosmetik sowie Wasch- und Reinigungsmittel. Oberstes Kriterium bei der Auswahl der Produkte ist die Regionalität und die direkte und faire Beziehung zu den Handelspartnern.

Öffnungszeiten: Mo-Fr 9-19 Uhr, Sa 8-13 Uhr
Adresse: Ludwigshafener Str. 20 | 65929 Frankfurt am Main
T 069 3086664 | **Web:** www.oekoladen-hoechst.de

WOCHENMARKT UND MARKTHALLE

LEBENSMITTEL & TÄGLICHER BEDARF

bio | ökologisch up/recycle | regional

Der Wochenmarkt in Höchst besteht seit 1356 und umfasst 20 Stände im Außenbereich sowie 10 Anbieter in der überdachten Markthalle. Im Außenbereich befinden sich die Obst-, Gemüse- und Blumenstände, während in der Markthalle Lebensmittel, Feinkost, Fleisch- und Wurstwaren angeboten werden.

Öffnungszeiten: Di+Fr+Sa 7-13 Uhr
Adresse: Höchster Markt 6 | 65929 Frankfurt am Main

ANDENKEN HÖCHST

SONSTIGES

bio | regional | vegetarisch | vegan

ANDENKEN Höchst bietet Geschenk- und Andenkenartikel, individuell zusammengestellte Geschenkkörbe oder Höchster Porzellan. Das Angebot besteht aus hochwertigen Produkten mit regionaler Herkunft. Damit unterstützt es das umliegende Gewerbe. Zusätzlich bietet es einen Catering-Service mit Fokus auf regionale Spezialitäten an. Die Lebensmittel stammen aus Frankfurt und weisen besondere Sorgfalt, Qualität und Ökologie auf.

Öffnungszeiten: Neue Öffnungszeiten ab Juli 2015
Adresse: Höchster Schlossplatz 9 | 65929 Frankfurt am Main
T 069 95518887 / Catering 0160 92183720
Web: www.andenken-hoechst.de

RÖDELHEIM

SAVORY

ESSEN & TRINKEN

fairtrade & sozial | ökologisch up/recycle | regional | vegetarisch | vegan

Dieses kleine aber sehr gemütliche Imbiss-Restaurant bietet vor allen Dingen Snacks wie Hotdogs, Sandwiches, Burger und Salate an - und das alles vegan! Zum Frühstück gibt es Kaffee mit verschiedenem Gebäck, wie Muffins oder Cupcakes (und vielen mehr). Auch die stimmige Einrichtung mit vielen kleinen Details ist beachtenswert.

Öffnungszeiten: Di-Fr 11:30-20 Uhr, Sa 11-22 Uhr
Adresse: Burgfriedenstr. 2 | 60486 Frankfurt | **T** 069 74223160
Web: www.savory-thevegtory.de | www.facebook.com/savory.frankfurt

SULTANA COSMETICS

KLEIDUNG, KOSMETIK & CO

bio | ökologisch up/recycle | vegan

Diese Naturkosmetik wird traditionell und in Handarbeit mit sorgfältig ausgewählten Zutaten hergestellt. Die Artikel werden online angeboten und sind frei von Zusatz-, Farb- und Konservierungsstoffen sowie Tierbestands- und Tierversuchsfrei. Ihre Geschäftsphilosophie vertritt die Idee echte Werte und fairen Handel zu schaffen sowie Entspannung und Wohlbefinden beim Kunden zu erzeugen.

Öffnungszeiten: nur Onlineshop
Adresse: Hausener Weg 98 | 60489 Frankfurt
T 0178 6250955
Web: www.sultana-cosmetics.de

BIO-MARKT PICARD

LEBENSMITTEL & TÄGLICHER BEDARF

fairtrade & sozial | bio | regional | vegetarisch | vegan | barrierefrei

Das Familienunternehmen Picard liegt im Zentrum von Rödelheim, so dass sie aktiv am Stadtteilleben mit Aktionen, wie zum Beispiel dem „Tag des Vorlesens" teilnehmen. Außerdem gibt es regelmäßige Probieraktionen und verkaufsoffene Sonntage. Hauptsächlich und wenn möglich werden Produkte und Lebensmittel aus dem regionalen Umkreis angeboten.

Öffnungszeiten: Mo-Fr 8-20 Uhr, Sa 8-16 Uhr
Adresse: Lorscher Str. 16 | 60489 Frankfurt
T 069 7893389 | **Web:** www.biomarktpicard.de

GINNHEIM

COMI: FAST NEUES FÜR COOLE KIDS

KLEIDUNG, KOSMETIK & CO

ökologisch up/recycle | kinderfreundlich

Stressfrei Kinderbekleidung einkaufen ist hier kein Problem. Der zentral gelegene Laden ist kinderfreundlich gestaltet und eingerichtet. Es wird gebrauchte aber hochwertige und qualitative Bekleidung für Kinder bis zur Größe 140 sowie Umstandsmode und Spielzeug angeboten. Die Bekleidung wird auf Kommission angenommen und verkauft, der Erlös wird geteilt.

Öffnungszeiten: Di+Do 11-15 und 16-18 Uhr, Mi+Fr 10-14 Uhr, 2.+4. Sa im Monat 10-14 Uhr
Adresse: Ginnheimer Hohl 18a | 60431 Frankfurt | **T** 069 26498970
Web: www.comi-kids.de

DORNBUSCH

KAISER - IHRE BIOBÄCKEREI

LEBENSMITTEL & TÄGLICHER BEDARF

bio | regional | vegetarisch | vegan

Die Bäckerei stellt in Handarbeit frische Backwaren mit Zutaten aus kontrolliert biologischen Anbau her. Auf der Internetseite stellen sie sehr transparent die Zutaten der Backwaren dar. Es gibt mehrere Filialen in Frankfurt.

Öffnungszeiten: Mo-Fr 8:30-19 Uhr, Sa 8:30-14 Uhr
Adresse: Eschersheimer Landstr. 248 | 60320 Frankfurt
T 069 29721952 | **Web:** www.ihre-bio-baeckerei.de

NATURMARKT KAROTTE

LEBENSMITTEL & TÄGLICHER BEDARF

fairtrade & sozial | bio | regional

Bio-Lebensmittel in großer Auswahl bietet der Biomarkt Karotte, gelegen im Untergeschoss der Altenwohnanlage Aja-Textor-Goethe. Neben frischem Brot vom Dottenfelder Hof umfasst das Sortiment auch Naturkosmetik sowie Schmuck oder Postkarten. In der kleinen Pause zwischendurch kann man sich hier mit Kaffee, Tee und leckeren Gebäckspezialitäten stärken.

Öffnungszeiten: Mo-Fr 8-20 Uhr, Sa 8-18 Uhr
Adresse: Hügelstr. 69 | 60433 Frankfurt | **T** 069 53098274
Web: www.biomaerkte-frankfurt.de

REFORMHAUS FREYA

LEBENSMITTEL & TÄGLICHER BEDARF

fairtrade & sozial | bio | vegetarisch | vegan | plastikfrei

Kompetente Beratung in den Bereichen Ernährung, Gesundheit und Naturkosmetik bieten die geschulten Fachberater des Reformhauses Freya. Neben hochwertigen Bio-Lebensmitteln und Spezialprodukten für Allergiker erhält man hier über 1.200 Produkte für die vegane Ernährung.

Öffnungszeiten: Mo-Fr 9-19 Uhr, Sa 9-14 Uhr
Adresse: Eschersheimer Landstr. 248 | 60320 Frankfurt
T 069 29721952 | **Web:** www.reformhaus-freya.de

WOCHENMARKT DORNBUSCH

LEBENSMITTEL & TÄGLICHER BEDARF

bio | regional

Seit 1990 findet jeden Dienstag der Wochenmarkt am Dornbusch statt, der auch Besuchern aus benachbarten Stadtvierteln durchaus eine kleine Reise wert ist. Neben einem großen Angebot an Obst und Gemüse aus regionalem Anbau gibt es hier u.a. Fleisch, Fisch, Honig oder Wein. Auch ein Feinkoststand gehört seit Kurzem zum Sortiment.

Öffnungszeiten: Di 8-18 Uhr
Adresse: Carl-Goerdeler-Str. 5 | 60320 Frankfurt

ESCHERSHEIM

BIOMARKT AM WEISSEN STEIN

LEBENSMITTEL & TÄGLICHER BEDARF

fairtrade & sozial | bio | regional | vegan

Direkt an der U-Bahn-Station „Weißer Stein" liegt dieser Biomarkt mit freundlichem Ambiente. Neben preisgünstigen Grundnahrungsmitteln aus regionaler Herstellung, Bio-Delikatessen und Naturkosmetika findet man hier eine umfangreiche Auswahl veganer Lebensmittel. Das angeschlossene Bistro mit täglich wechselnden Suppen und Tagesgerichten lädt zu einem Besuch in der Mittagspause oder zum Entspannen nach dem Einkauf ein.

Öffnungszeiten: Mo-Fr 7-19 Uhr, Sa 8-18 Uhr
Adresse: Eschersheimer Landstr. 548 | 60433 Frankfurt
T 069 95202542
Web: www.biomaerkte-frankfurt.de

REFORMHAUS FREYA

LEBENSMITTEL & TÄGLICHER BEDARF

fairtrade & sozial | bio | vegetarisch | vegan | plastikfrei

Kompetente Beratung in den Bereichen Ernährung, Gesundheit und Naturkosmetik bieten die geschulten Fachberater des Reformhauses Freya. Neben hochwertigen Bio-Lebensmitteln und Spezialprodukten für Allergiker erhält man hier über 1.200 Produkte für die vegane Ernährung.

Öffnungszeiten: Mo-Fr 9-18:30 Uhr, Sa 9-13:30 Uhr
Adresse: Eschersheimer Landstr. 436 | 60433 Frankfurt
T 069 515423 | **Web:** www.reformhaus-freya.de

SCHUSTI

KLEIDUNG, KOSMETIK & CO

ökologisch up/recycle

Eine Frankfurter Institution rund um die Schuhreparatur ist der Schuhmacherladen „Schusti", wo seit vielen Jahren Schuhe aller Art von Meisterhand repariert werden. Die Verwendung hochwertiger Materialien (wie den Ledersohlen aus pflanzlicher Altgerbung) trägt zur hohen Qualität der Arbeit bei. Daneben werden hier unter anderem Schlüssel, Stempel und Schilder angefertigt.

Öffnungszeiten: Mo-Fr 7:30-13 und 15-18 Uhr
Adresse: Eschersheimer Landstr. 380 | 60433 Frankfurt
Web: www.schusti.info

NIEDERURSEL

DER HOF

ESSEN & TRINKEN

fairtrade & sozial | bio | ökologisch up/recycle | regional | vegetarisch | kinderfreundlich | kulturelles konzept

Die anthroposophische Familienbegegnungsstätte vereint unter ihrem Dach verschiedenste Angebote, z. B. Seminare, Frühförderung, einen Hort und eine Bildhauerwerkstatt. Im Hofcafé können sich Besucher mit Kaffeespezialitäten, Frühstück und selbstgebackenem Kuchen aus saisonalen Zutaten stärken. Parallel dazu bietet die Hofküche täglich ein vegetarisches Mittagsmenü aus frischen Zutaten biologischer Herkunft an.

Öffnungszeiten: Mo-Fr 8-18 Uhr, Sa 8-12 Uhr (Hofcafé),
Mo-Fr 12-13:30 Uhr (Hofküche), Mo-Fr 9-12 Uhr (Verein)
Adresse: Alt-Niederursel 51 | 60439 Frankfurt
T 069 95775639

BURGHOF HOFLADEN

LEBENSMITTEL & TÄGLICHER BEDARF

fairtrade & sozial | regional | kulturelles konzept

Legefrische Eier aus eigener Bodenhaltung bietet der Hofladen des Burghofs in Niederursel an. Hausgemachte Wurstwaren, selbst gemachte Nudeln, Dinkel- und Mühlenprodukte, Marmelade und Honig sowie Obst- und Weinbrände ergänzen das Angebot. Das Tierfutter stammt komplett aus eigener Herstellung. Der Burghof Hühnerstall ist außerdem eine beliebte Location für Livemusik.

Öffnungszeiten: Mo-Sa 8-12 Uhr, Di-Fr 15-18 Uhr
Adresse: Obermühlgasse 7 | 60439 Frankfurt
T 06171 633087
Web: www.burghof-frankfurt.de
www.facebook.com/burghof.hühnerstall

FRUCHTBARE ERDE NATURKOSTL.

LEBENSMITTEL & TÄGLICHER BEDARF

fairtrade & sozial | bio | ökologisch up/recycle | regional | vegetarisch | kulturelles konzept

Der Naturkostladen „Fruchtbare Erde" führt ein ausgewähltes Sortiment an Naturkost und Naturkosmetik. Ein besonderer Schwerpunkt liegt auf der großen Auswahl an frischem Obst und Gemüse sowie anderen Produkten aus der Region. Neben Geschenkideen erhält der Kunde dort auf Wunsch ausführliche Beratung und Rezepttipps.

Öffnungszeiten: Mo-Fr 8-13 und 15-18 Uhr, Sa 9-13 Uhr
Adresse: Alt-Niederursel 51 | 60439 Frankfurt
T 069 587775
Web: www.der-hof.de

HOFGUT OBERMÜHLE

LEBENSMITTEL & TÄGLICHER BEDARF

fairtrade & sozial | regional

Eier aus eigener Bodenhaltung, Kartoffeln, Obst aus der Region sowie Nudeln und Honig verkauft der Hofladen des historischen Hofguts Obermühle in Niederursel. Pensionspferdehaltung stellt das zweite Standbein des Hofs dar, der sich bereits seit 1805 in Familienbesitz befindet.

Öffnungszeiten: Mo-Sa 8-12 Uhr, Di-Fr 15-18 Uhr
Adresse: Obermühlgasse 7 | 60439 Frankfurt
T 069 573121

HEDDERNHEIM

WOCHENMARKT

LEBENSMITTEL & TÄGLICHER BEDARF

bio | regional | vegetarisch | vegan | barrierefrei

Der Wochenmarkt im Nordwestzentrum hat alles, was das Herz begehrt: Gesundes vom Biobauern, Südfrüchte aller Art, leckere Käse-, Fisch- und Wurstspezialitäten, Backwaren und weitere kulinarische Genüsse. Halb unter dem Dach, halb draußen kann man hier wunderbar einkaufen gehen - unabhängig vom Wetter.

Öffnungszeiten: Mi 9-18 Uhr
Adresse: Walter-Möller-Platz 3 | 60439 Frankfurt

KALBACH-RIEDBERG

TEMMA

LEBENSMITTEL & TÄGLICHER BEDARF

bio | regional | vegetarisch | vegan

Der nette Bioladen von nebenan bietet eine entspannte Atmosphäre zum Einkaufen. Zur Mittagspause werden vollwertiges Essen oder Snacks angeboten: Es gibt belegte Brote, Brotzeitteller, Quiches und Suppen. An den Bedientheken bekommt man Wurst und Käse sowie Antipasti und Tee. Bei Interesse kann auch eine Weinprobe gebucht werden.

Öffnungszeiten: Mo-Do 7-10 Uhr, Fr 7-22 Uhr, Sa 7-20 Uhr
Adresse: Riedbergallee 17 | 60438 Frankfurt | **T** 069 95104661
Web: www.temma.de/maerkte/temma-in-frankfurt-riedberg

WOCHENMARKT

LEBENSMITTEL & TÄGLICHER BEDARF

fairtrade & sozial | bio | regional

Der seit 2013 jeden Samstag stattfindende Wochenmarkt bietet ein abwechslungsreiches, frisches und hochwertiges Angebot aus Bio-Obst und Gemüse, Bio-Backwaren, mediterraner Feinkost, Käsespezialitäten, frischem Fisch sowie Steinfurther Rosen. Für das leibliche Wohl der Besucher vor Ort sorgen Stände mit Säften und Weinen vom Winzer oder frischen Crêpes.

Öffnungszeiten: Sa 9-16 Uhr
Adresse: Riedbergplatz | 60438 Frankfurt

NIEDER-ESCHBACH

BAUERNHOF SEIBOLDT

LEBENSMITTEL & TÄGLICHER BEDARF

fairtrade & sozial | regional | kulturelles konzept

Ein traditioneller Bauernhof im Ortskern von Nieder-Eschbach ist der Hof der Familie Seiboldt, die in ihrem kleinen Hofladen Produkte aus eigener landwirtschaftlicher Herstellung anbietet. Neben dem ganzjährigen Verkauf von Kartoffeln, Zwiebeln, Getreide, Honig oder Eiern sind saisonal auch Obst, Kürbisse und Apfelmost im Angebot, der ins selbst mitgebrachte Gefäß abgefüllt wird.

Öffnungszeiten: Do 14-19 Uhr, Fr 9-19 Uhr, Sa 9-14 Uhr
Adresse: Alt-Niedereschbach 1 | 60437 Frankfurt
T 069 5073854 | **Web:** www.land-partie.de/bauernhoefe/bauernhof-seiboldt

HOF LAUPUSMÜHLE

SONSTIGES

fairtrade & sozial | ökologisch up/recycle | regional | kulturelles konzept

Holz ist ein nachwachsender, klimaschonender Rohstoff von zunehmender Bedeutung. Der Hof Laupusmühle, ein landwirtschaftlicher Familienbetrieb aus dem 17. Jahrhundert, hat sich daher auf die Gewinnung von Energieholz spezialisiert. Neben hochwertigem Kaminholz aus regionalem Anbau sowie Holzpellets und Holzhackschnitzeln liefert das Unternehmen auf Wunsch auch Schwedenfackeln für die Gartenparty.

Öffnungszeiten: auf Anfrage | **Adresse:** Heinrich-Becker-Str. 2 | 60437 Frankfurt
T 069 5075742 | **Web:** www.hof-laupusmuehle.de

BONAMES

TOWER CAFÉ

ESSEN & TRINKEN

fairtrade & sozial | regional | kinderfreundlich | kulturelles konzept

Idyllisch gelegen an den Frankfurter Niddawiesen lädt das Tower Café am alten Flugplatz Bonames zu Erholung, Entspannung und Freizeitspaß für die ganze Familie ein. Auf der Speisekarte stehen saisonale Produkte aus der Region, an Sonn- und Feiertagen gibt es ein Frühstücksbüffet. Für reiches Kulturprogramm sorgen Ausstellungen, Märkte, Lesungen oder Konzerte.

Öffnungszeiten: Nov-Mär: Mo-Sa 11:30-18 Uhr, So+Feiertag 10-18 Uhr
Adresse: Am Burghof 55 | 60437 Frankfurt | **T** 069 95048532
Web: www.tower-cafe.de | www.facebook.com/Tower-Cafe/

WOCHENMARKT

LEBENSMITTEL & TÄGLICHER BEDARF

regional

Kneipe und regionaler Treffpunkt für die Anwohner ist der Wochenmarkt in Bonames, der mittlerweile auf zwei Stände geschrumpft ist. Der Weinstand bietet ab etwa 14 Uhr regionale Weinspezialitäten und im Winter Glühwein an, der Feinkoststand mit Imbiss sorgt ab 12 Uhr für das leibliche Wohl der Bevölkerung.

Öffnungszeiten: Do 9-20 Uhr

Adresse: Am Wendelsgarten | 60437 Frankfurt

HARHEIM

METZGEREI QUIRIN

LEBENSMITTEL & TÄGLICHER BEDARF

fairtrade & sozial | regional

Wer wissen möchte, wo sein Fleisch herkommt, ist beim Metzgermeister Quirin in Harheim richtig. Vom Futteranbau über die artgerechte Schweinezucht und Schlachterei bis hin zum Direktverkauf liegt in diesem Familienbetrieb alles in einer Hand. Die Metzgerei bietet ihre Fleisch- und Wurstwaren im Hofverkauf ebenso wie auf zahlreichen Wochenmärkten an.

Öffnungszeiten: Do 10-19 Uhr (Hofverkauf)

Adresse: Korffstr. 23 | 60437 Frankfurt

T 06101 41513 | **Web:** www.metzgereiquirin.de

NIEDER-ERLENBACH

GARTENBAU ALBERT KUNNA

LEBENSMITTEL & TÄGLICHER BEDARF

fairtrade & sozial | regional | kulturelles konzept

Rosen sind die Spezialität der Familie Kunna. Bereits seit 1970 baut der Familienbetrieb als einzige Gärtnerei Frankfurts seine robusten Freilandrosen an, die im eigenen Hofladen frisch vom Feld zum Verkauf angeboten werden. Regional angebauten Blumenschmuck und saisonale Beet- und Balkonpflanzen erhält man hier ebenso wie Gemüse und Salate.

Öffnungszeiten: Apr-Okt: Mo-Fr 7-19 Uhr, Sa 7-16 Uhr, So+Feiertag 10-12 Uhr, Nov-Mär: Mo-Fr 8-18 Uhr, Sa 8-14 Uhr, So+Feiertag 10-12 Uhr

Adresse: Erlenbacher Stadtweg 47 | 60437 Frankfurt | **T** 06101 42319

Web: www.kunna.de

HOFGUT MEHL

LEBENSMITTEL & TÄGLICHER BEDARF

regional

Neben zertifiziertem Getreidesaatgut aus der Wetterau bietet das Hofgut Mehl Weizen, Gerste, Hafer und Roggen zum Mahlen und Backen ebenso wie Zuckersirup an. Geöffnet ist der Direktvermarkter aus Nieder-Erlenbach nach vorheriger telefonischer Absprache.

Öffnungszeiten: nach Absprache
Adresse: Auf der Steinritz 14 | 60437 Frankfurt
T 06101 542576 | **Web:** www.mehlkg.de

HOFLADEN ERLENHOF

LEBENSMITTEL & TÄGLICHER BEDARF

fairtrade & sozial | regional

Kohl, Salate, Kartoffeln und je nach Jahreszeit Kürbisse oder Erdbeeren - teilweise zum Selberpflücken - bietet der Hofladen des Erlenhofs an. Die Fleisch- und Wurstwaren stammen aus der Hofschlachtung, u.a. von Freilandrindern aus eigener Aufzucht; Spargel, Obst, Nudeln oder Schnäpse von befreundeten Erzeugern. Die Bauernschänke mit regionalen Gerichten lädt zum Einkehren ein.

Öffnungszeiten: Mo-Fr 9-18:30 Uhr, Sa 9-14 Uhr
Adresse: Erlenbacher Stadtweg 52 | 60437 Frankfurt
T 06101 41014 | **Web:** www.erlenhof-ffm.de

KÖTTERS HOFMARKT

LEBENSMITTEL & TÄGLICHER BEDARF

fairtrade & sozial | regional

Der Familienbetrieb aus Nieder-Erlenbach baut Getreide, Raps, Kartoffeln, Kürbisse und Gemüse an. Verkauft werden die Erzeugnisse im Hofladen, der neben Obst und Gemüse auch Nudeln, Müsli, Essig, Öl und Milchprodukte anbietet. Kötters Hofmarkt ist außerdem Partner von „Meine Ernte“ und ermöglicht Interessierten das Anmieten eines eigenen Gemüsegartens im Nordosten Frankfurts.

Öffnungszeiten: Mo-Fr 8-13 und 15-18 Uhr, Sa 8-13 Uhr
Adresse: Alt-Erlenbach 30 | 60437 Frankfurt
T 06101 41114

OBSTHOF AM STEINBERG

LEBENSMITTEL & TÄGLICHER BEDARF

fairtrade & sozial | bio | regional | kulturelles konzept

Bio-Obstanbau, Hofladen und Apfelweinwirtschaft vereint der Obsthof am Steinberg in Nieder-Erlenbach. Im Hofladen können Apfelwein und Fruchtsäfte aus eigener Herstellung ebenso wie Obstbrände und Apfelperlweine erworben werden. Die Schoppenwirtschaft bietet neben zahlreichen Apfelweinsorten typisch hessische Gerichte an. Der Hof veranstaltet außerdem Events wie Fackelwanderungen, Feste oder Selberpflück-Aktionen.

Öffnungszeiten: Hofladen: Gründonnerstag-Okt: Mo-So 9-19 Uhr, Nov-Gründonnerstag: Mo-Fr 11-18, Sa+So 10-18 Uhr, Schoppenwirtschaft: Gründonnerstag-Okt: Do+Fr 15-22 Uhr, Sa+So+Feiertag 11-22 Uhr, Nov-Gründonnerstag: Sa 11-21 Uhr, So 11-18 Uhr

Adresse: Am Steinberg 24 | 60437 Frankfurt | **T** 06101 41522

Web: www.obsthof-am-steinberg.de | www.facebook.com/Obsthof-am-Steinberg

RIEDHOF NIEDER-ERLENBACH

LEBENSMITTEL & TÄGLICHER BEDARF

fairtrade & sozial | regional

Die Originalkräuter der legendären Frankfurter „Grünen Soße" werden auf dem Riedhof in Nieder-Erlenbach herangezogen. Ebenso findet man hier zahlreiche weitere Kräuterarten, diverse Salatsorten oder Grünkohl, und kann sich mit Beet- und Balkonpflanzen eindecken. Darüber hinaus ist der Riedhof auf den Anbau verschiedenster Hirse-, Hafer-, und Gerstensorten für Vogelfutter spezialisiert.

Öffnungszeiten: Mai-Aug: Mo-Sa 8-18 Uhr, So 9-13 Uhr, Sep-Apr: Mo-Sa 8-13 und 14-18 Uhr

Adresse: Am Riedsteg 125 | 60437 Frankfurt | **T** 06101 54580

Web: www.riedhof-frankfurt.de

BERGEN-ENKHEIM

REFORMHAUS HERMANN

LEBENSMITTEL & TÄGLICHER BEDARF

fairtrade & sozial | bio | ökologisch up/recycle | vegetarisch | vegan | barrierefrei

Dieses Reformhaus ist hell, freundlich und gut sortiert. Neben der ökologischen Kosmetik gibt es auch frische Backwaren. Es befindet sich im Hessen-Center.

Öffnungszeiten: Mo-Fr 9:30-20 Uhr, Sa 9:30-21 Uhr

Adresse: Borsigallee 26 | 60388 Frankfurt | **T** 06109 508461

Web: www.reformhaus-herrmann.de

FECHENHEIM

FATTORIA LA VIALLA

LEBENSMITTEL & TÄGLICHER BEDARF

bio | ökologisch up/recycle | vegetarisch | vegan | barrierefrei | kulturelles konzept | plastikfrei

Die garantiert ökologischen Lebensmittel, die man hier kaufen kann, sind ausschließlich aus eigener Herstellung in der Toskana und werden in Kartons (kein Plastik) verkauft. Wichtig: Zutritt zu der „Speisekammer" des Bauernhofes, bei der alles probiert werden darf, erhält man, indem man sich einen elektronischen Schlüssel auf der Website anfordert www.speisekammer.it.

Öffnungszeiten: Mo-Fr 9:30-20 Uhr, Sa 9:30-21 Uhr
Adresse: Borsigallee 26 | 60388 Frankfurt
T 06109 508461 | **Web:** www.speisekammer.it

SUMSUM OFFICEMÖBILITY™

SONSTIGES

ökologisch up/recycle

Hier kann man Büromöbel mieten und gebrauchte in gutem Zustand kaufen. Nebenbei tut man dabei noch was gutes für die Umwelt.

Öffnungszeiten: Mo-Fr 10-17 Uhr, Sa 10-13 Uhr
Adresse: Cassellastr. 30-32 | 60386 Frankfurt
T 069 94143741 | **Web:** www.sumsum.de
www.facebook.com/sumsum.de

MATHILDA - KUCHEN IM GLAS

LEBENSMITTEL & TÄGLICHER BEDARF

bio | ökologisch up/recycle | regional

Wer ein Geschenk der besonderen Art sucht, sollte zu Mathilda gehen. Hier erhält man handgemachten Kuchen aus dem Glas, der aus biologischen und ökologischen Zutaten besteht. Der Kuchen wird in Weckgläsern verkauft, die verschiedene verzierte Etiketten erhalten und später vielfältig verwendbar sind.

Öffnungszeiten: Di-Fr 11-18 Uhr, Sa 12-18 Uhr
Adresse: Cassellastr. 30-32 | 60386 Frankfurt
Web: www.mathilda-glaskuchen.de
www.facebook.com/Mathilda.Glaskuchen

RIEDERWALD

WOCHENMARKT RIEDERWALD

LEBENSMITTEL & TÄGLICHER BEDARF

bio | ökologisch up/recycle | vegetarisch | barrierefrei

Wöchentlicher Markt mit frischen Produkten aus der Region und aus biolgischem Anbau.

Öffnungszeiten: Sa 8-12 Uhr
Adresse: Schäfflestr. 12 | 60386 Frankfurt

SECKBACH

WELTLADEN FRANKFURT-SECKBACH

LEBENSMITTEL & TÄGLICHER BEDARF

fairtrade & sozial | bio | ökologisch up/recycle | vegetarisch | vegan | plastikfrei

Ein weiterer Weltladen, in dem man fair gehandelte Produkte verschiedenster Art kaufen kann - Lebensmittel (Kaffee, Tee, Schokolade und andere Süßigkeiten, Reis, Bananen, Wein, Orangensaft, Gewürze), aber auch Kunsthandwerk, Schmuck, und Musikinstrumente.

Öffnungszeiten: Mo+Di+Do 16:30-18:30 Uhr, Fr 9-12 und 16:30-18:30, Sa 9-12 Uhr
Adresse: Wilhelmshöher Str. 158 | 60389 Frankfurt
T 069 476704 | **Web:** www.weltladen.de/hessen/

WOCHENMARKT ATZELBERGPLATZ

LEBENSMITTEL & TÄGLICHER BEDARF

bio | ökologisch up/recycle | vegetarisch

Dieser wöchentlicher Markt mit frischen Produkten aus der Region und biologischen Anbauten hat allerdings nur zwei Stände.

Öffnungszeiten: Do 10-18 Uhr
Adresse: Atzelbergplatz 1 | 60389 Frankfurt

OBERRAD

GÄRTNEREI SCHECKER

LEBENSMITTEL & TÄGLICHER BEDARF

fairtrade & sozial | bio | ökologisch up/recycle | regional | vegetarisch | vegan | barrierefrei

Die Besonderheit an dieser Gärtnerei ist der selbstgemachte Apfelwein. Daneben gibt es Gemüse, Obst und frische Kräuter. Im „Gadde" kann man sich im Sommergarten erholen und selbstgemachte Kuchen und Eis genießen.

Öffnungszeiten: Mi-Fr 8:30-18 Uhr, Sa 8-15 Uhr
Adresse: Im Teller 21 | 60599 Frankfurt | **T** 069 655050
Web: www.schecker.com

WOCHENMARKT OBERRAD

LEBENSMITTEL & TÄGLICHER BEDARF

bio | regional | barrierefrei

Obst, Gemüse und Pflanzen aus der Region und frische Wurst und Fleisch kann man dort kaufen. Doch auch das gemütliche Beisammensein wird gepflegt und es gibt Sitzmöglichkeiten, um ein Glas Wein zu trinken oder eine Kleinigkeit zu essen.

Öffnungszeiten: Sa 9-16 Uhr
Adresse: Buchrainplatz | 60599 Frankfurt
Web: www.frankfurt.de

Ein Wochenende ist zu kurz um die Welt zu retten. Aber lesen hilft.
10 Wochen
taz.am Wochenende
für 10 Euro
taz.de/testabo
Mit ihren LeserInnen teilt die taz Informationen und Ideale. Die taz.am wochenende ist die taz für die freien Tage. Und für freie Gedanken.
taz. die solidarische Methode
„Ich finde, der Freier ist die wirkliche Nutte“
taz.am wochenende
Kann man mit Eltern Schluss machen?
Die Bewegung der klügsten Köpfe
Sie sind jung und gut ausgebildet. In der Heimat aber fehlt ihnen die Perspektive. Tausende ziehen aus Südeuropa nach Norden. Wie tickt die Generation E?

KINDER MIT DER BUNDESKULTURMINISTERIN GRÜTTNER ANLÄSSLICH D
PREISVERLEIHUNG DES BUNDESKULTURPREISES IM SCHLOSS GENSHAG

Im Gespräch mit...

GORDON VAJEN

Leitung Theaterhaus Frankfurt und Initiator von „In Fechenheim geht die Sonne auf"

Stellen Sie uns doch kurz Ihr Projekt vor. Was ist „In Fechenheim geht die Sonne auf"?

„In Fechenheim geht die Sonne auf" ist ein kulturelles Bildungsprojekt für Kinder ab 1 Jahr in Fechenheim. Dies umfasst das künstlerische Sprachförderprogramm „ErzählZeit" für Kinder ab der ersten Klasse, in der wöchentlich in allen Klassen Märchen erzählt, Theaterbesuche und selbstinszenierte Aufführungen in der Schule organisiert sowie zahlreiche Arbeitsgemeinschaften wie Tanz, Radio, Fotografie und Film angeboten werden. Weiterhin ermöglichen wir Familien den Zugang zu Kultureinrichtungen und fördern so die Teilhabe am kulturellen Leben.

Dieses Projekt wurde auf Vorschlag des Kulturdezernates der Stadt Frankfurt für den Bundeskulturpreis 2014 nominiert.

Wie kamen Sie auf die Idee?

Zum einen wohne ich mit meiner Familie in dem Stadtteil Fechenheim und wir haben gesehen, dass es in diesem Bereich einen Handlungsbedarf gibt. Zum anderen stehen mir als Leiter des Theaterhauses und mit dem Verein „Kunst für Kinder!" Instrumente zur Verfügung, um derartige kulturelle Bildungsprozesse zu initiieren.

Was waren die Startschwierigkeiten und wie sind Sie damit umgegangen?

Das Projekt wurde vor dem Start 2011 über ein Jahr lang vorbereitet. Voraussetzung war die gute Zusammenarbeit mit der Freiligrathschule, weil wir in der Grundschule fast alle Kinder aus dem Stadtteil erreichen. Von diesem Ausgangspunkt haben wir das Projekt Schritt für Schritt weiterentwickelt und ausgebaut. Von Anfang an gab es eine Förderung durch das Kultur-, Bildungs- und Sozialdezernat der Stadt Frankfurt, so dass wir ohne besondere Schwierigkeiten starten konnten.

Was bedeutet Nachhaltigkeit für Sie?

Auf der einen Seite bedeutet Nachhaltigkeit, dass das Projekt nicht zeitlich befristet ist, dass alle Kinder an dem Programm in seiner Gänze teilnehmen können, dass viele soziale Einrichtungen dauerhaft eingebunden werden und auf der anderen Seite natürlich, dass die Finanzierung langfristig gesichert wird. Dazu gehört ebenfalls ein kontinuierliches Qualitätsmanagement.

Was ist Ihr Lieblingsort in Frankfurt? Haben Sie einen Geheimtipp?

Das Vogelschutzgebiet im Fechenheimer Mainbogen bietet ein stadtnahes Naturerlebnis, lädt zum Entspannen ein und wenn der Main dort wieder renaturiert wird, ist es wunderbares Naherholungsgebiet. Das Teehaus im Chinesischen Garten (im Bethmannpark) ist ein wunderbarer, meditativer Ort mitten in der Stadt.

Kontakt
gordonvajen@theaterhaus-frankfurt.de
www.theaterhaus-frankfurt.de

GOODFOODBAGS / GREENTIMES

INITIATIVEN / VEREINE / ORGANISATIONEN

OPERA CIVIL

AGENTUR/PR

Opera Civil ist tätig für die Information der Öffentlichkeit, die strategische Darstellung sowie Stakeholderkommunikation. Sie unterstützen Unternehmen, Verbände, Organisationen und Wissenschaftler, die erfolgreich und aktiv für das Zeitalter des Klimaschutzes, der Energiewende und der Menschenrechte eintreten.

Adresse: Golfstr. 35 | 60528 Frankfurt | **T** 069 24448763 | **Web:** www.opera-civil.de

MAINKISTE

BIOKISTE

fairtrade & sozial | bio | ökologisch up/recycle | regional | vegetarisch | vegan

Die „Frankfurter MainKiste" ist ein Projekt der Praunheimer Werkstätten GmbH initiiert durch die studentischen Non-Profit Organisation „Enactus Goethe Universität". Der Präsentkorb wird in den Praunheimer Werkstätten angefertigt und gefüllt. In der Holzkiste befinden sich Frankfurter Spezialitäten wie z. B. die Zutaten für eine Grüne Soße.

Adresse: Wächtersbacher Str. 91 | 60386 Frankfurt | **T** 069 942180-0
Web: www.pw-ffm.de

STADTMOBIL RHEIN-MAIN GMBH

CAR SHARING

Stadtmobil will Mobilität verbessern und die Umwelt schützen durch Carsharing.

Adresse: Am Hauptbahnhof 10 | 60329 Frankfurt | **T** 069 95117999
Web: www.rhein-main.stadtmobil.de | www.facebook.com/stadtmobil.rhein.main

NOWATO

BIOKISTE

bio | ökologisch up/recycle

Diese besonderen Komposttoiletten kommen komplett ohne Wasser aus und verzichten natürlich auch gänzlich auf übelriechende Chemie. nowato sieht aus wie eine Toilette aus einem Heimatfilm und fühlt sich auch genau so an. Angenehm, entspannend und sauber.

Adresse: Melemstr 5| 60322 Frankfurt
Web: www.nowato.com

BÜCHERSCHRÄNKE

Die offenen Bücherschränke sind Schränke, die das Tauschen von gebrauchten und lesenswerten Büchern und anderer Literatur ermöglichen. Jeder kann hier bereits gelesene Bücher hineinstellen, oder sich interessante Lektüre aussuchen und mit nach Hause nehmen.

Bahnhofsviertel
Gallusanlage 7 | 60329 Frankfurt am Main

Berkersheim
Am Dachsberg 17 | 60435 Frankfurt am Main

Bockenheim
Leipziger Straße 54 | 60487 Frankfurt am Main

Bonames
Platz am Wendelsgarten/Am Wendelsgarten | 60437 Frankfurt am Main

Bornheim
Berger Straße 253 | 60385 Frankfurt am Main

Dornbusch
Eschersheimer Landstraße 248 | 60320 Frankfurt am Main

Eschersheim
Am Weißen Stein | 60431 Frankfurt am Main

Fechenheim
Ecke Ankergasse/Alt-Fechenheim | 60386 Frankfurt am Main

Frankfurter Berg
Ecke Malvenweg/Homburger Landstraße | 60433 Frankfurt am Main

Bücherschrank Gallus
Ecke Frankenallee/ Schneidhainer Str. | 60326 Frankfurt am Main

Ginnheim
Ginnheimer Kirchplatz | 60431 Frankfurt am Main
Ecke Kurhessenstraße/Höhenblick | 60431 Frankfurt am Main

Griesheim
Ecke Alte Falterstraße/ Hartmannsweilerstraße | 65933 Frankfurt am Main

Gutleutviertel
Werftstr. 15 | 60327 Frankfurt am Main

Heddernheim

Karl-Perott-Platz | 60439 Frankfurt am Main

Höchst

Andreasplatz | 65929 Frankfurt am Main

Kalbach

Kalbacher Hauptstraße 36 | 60437 Frankfurt am Main

Nied

Neumarkt 3 | 65934 Frankfurt am Main

Niederrad

Bruchfeldstraße 65 | 60528 Frankfurt am Main

Niederursel

Ecke Weisskirchener Weg / Gerhart-Hauptmann-Ring | 60439 Frankfurt am Main

Nordend

Merianplatz; Ecke Berger Str. / Kantstr. | 60316 Frankfurt am Main

Oeder Weg 43 | 60318 Frankfurt am Main

Oberrad

Buchrainplatz | 60599 Frankfurt am Main

Ostend

Parlamentsplatz | 60385 Frankfurt am Main

Paul-Arnsberg-Platz | 60314 Frankfurt am Main

Praunheim

In der Römerstadt 272 | 60488 Frankfurt am Main

Preungesheim

Gravensteiner-Platz | 60435 Frankfurt am Main

Bürgerhaus Ronneburg; Gelnhäuser Straße 2 | 60435 Frankfurt am Main

Riedberg

Riedbergplatz | 60438 Frankfurt am Main

Bücherschrank Riederwald

Raiffeisenstraße 70 | 60386 Frankfurt am Main

Bücherschrank Sachsenhausen

Dreieichstraße 59 | 60594 Frankfurt am Main

Bücherschrank Seckbach

Atzelbergplatz | 60389 Frankfurt am Main

Bücherschrank Westend

Odina-Bott-Platz | 60323 Frankfurt am Main

Bücherschrank Zeilsheim

Bechtenwaldstraße 3 | 65931 Frankfurt am Main

GREENTIMES

CATERING

bio | regional | vegetarisch | vegan | barrierefrei

Gesundes Essen direkt nach Hause. Die Lebensmitteltüten können in verschiedenen Größen gewählt werden. Das Gemüse ist fast immer regional und bio, und das Fleisch kommt vom Metzger des Vertrauens.

Öffnungszeiten: Online-Shop
Adresse: Ginnheimer Landstr. 24-26 | 60487 Frankfurt | **T** 069 79580691
Web: www.goodfoodbag.de | www.facebook.com/GreentimesCatering

GUTDING

CATERING

bio | regional | vegetarisch | vegan

Nur „Gute Dinge" kommen hier als Zutaten in Frage. Daher sind belegten Paninis, Sandwiches und Co. von vorwiegend Bio und lokalen Erzeugern bezogen und werden mit Muße zubereitet.

Adresse: Sachsenhäuser Landwehrweg 293 | 60589 Frankfurt | **T** 069 69869199
Web: www.gutding-frankfurt.de/gutding/GUTDING.html | https://www.facebook.com/GUTDING

KETAO LTD

CATERING

ökologisch up/recycle | regional | vegetarisch | vegan | kulturelles konzept

Dieses Cateringunternehmen kocht live vor seinen Gästen auf sogenannten Kochboxen. Neben der Unterhaltung sorgen sie so auch für authentische Gerichte, die von der Pfanne direkt auf dem Teller landen. Kochkurse werden ebenfalls angeboten.

Öffnungszeiten: Bürozeiten: Mo-Fr 10-16 Uhr
Adresse: Gwinner Str. 36 | 60388 Frankfurt | **T** 069 348791970
Web: www.ketao.de | www.facebook.com/Ketao

MADAME HERRLICH

CATERING

fairtrade & sozial | bio | ökologisch up/recycle | regional | vegetarisch

Der besondere Catering-Service bietet kreative und qualitativ hochwertige Drinks. Verwendet werden ausschließlich Markenspirituosen, hausgemachte Sirups, frischgepresste Säfte und Zutaten aus der Bio-Küche.

Öffnungszeiten: Nur Catering
Adresse: Wallstr. 22 | 60594 Frankfurt am Main | **T** 069 13390798
Web: www.madameherrlich.de | www.facebook.com/madameherrlich bettervest GmbH   Crowdfunding

BETTERVEST GMBH

CROWDFUNDING PLATTFORM

bettervest ist die erste Crowdfunding-Plattform auf der man in die Energieeffizienz von Unternehmen, Sozialträgern, Vereinen und Kommunen investieren kannst und dafür an den erzielten Einsparungen beteiligt wird.

Adresse: Schweizer Str. 28 | 60594 Frankfurt | **T** 069 34877347
Web: www.bettervest.de | www.facebook.com/bettervest

GREENPEACE ENERGY

ENERGIE

GP ist die bedeutendste Energiegenossenschaft Deutschlands. Ihr Ziel ist die Energiewende, ihre Haltung hat die Wurzeln in der Umweltschutzorganisation Greenpeace e.V.

Adresse: Hongkongstraße 10 | 20457 Hamburg | **T** 040 / 808 110-600
Web: www.greenpeace-energy.de

GRÜN.POWER

ENERGIE

Bietet seit 2013 Energie aus deutschen Wind-, PV- und Wasserkraftanlagen, bauten Ökostromtankstellen und kümmern sich vor allem um die Region Rhein-Main.

Adresse: An der Fahrt 5 | 55124 Mainz | **T** 06131 – 696 57 - 0
Web: www.inpower.de/gruenpower.html

POLARSTERN

ENERGIE

Polarstern legt großen Wert auf die Unabhängigkeit von allen großen Energiekonzernen, da sie nur so für wirklichen Ökostrom und Ökogas garantieren können. Jeder Polarsternkunde hilft zudem dabei, die Energiewende in Entwicklungsländern anzustoßen.

Adresse: Lindwurmstr. 88 | 80337 München | **T** 089 309 042 911
Web: www.polarstern-energie.de

NATURSTROM

ENERGIE

Naturstrom ist nachhaltiger Ökostrom – BUND und Nabu empfohlen. Sie gewannen 2014 den deutschen Nachhaltigkeitpreis.

Adresse: Achenbachstraße 43 | 40237 Düsseldorf | **T** 0211 77900 - 300
Web: www.naturstrom.de

LICHTBLICK GMBH

ENERGIE

Bereits seit 1998 Anbieter von 100% Ökostrom. Hauptrolle bei Lichtblick spielt die Wasserkraft und die Vernetzung der Energiespeicher.

Adresse: Zirkusweg 6 | 20359 Hamburg | **T** 040 63600
Web: www.lichtblick.de

SBU RHEIN-MAIN

ENERGIE/SOLARTECHNIK

ökologisch up/recycle

Dieses Unternehmen plant und baut eure eigene Solaranlage, damit man selbst grüne Energie produzieren kann.

Adresse: Goetheplatz 4 | 60313 Frankfurt | **T** 069 173091040
Web: www.sbu-rhein-main.de

REFLECTA FILMFESTIVAL

EVENT/FILMFESTIVAL

fairtrade & sozial | bio | ökologisch up/recycle | regional | vegetarisch | vegan

Das Filmfestival zeigt (selbst-)kritisch ausgerichtete Filme zu den wichtigen Themen unserer Zeit und verleiht den Artivist Award. Alle Partner stammen aus dem Nachhaltigkeitsbereich und das Gastroangebot ist bio/fair/vegetarisch/vegan. Mehrere Veranstaltungen im Rhein-Main-Gebiet. Festival im Künstlerhaus Mousonturm.

Web: www.reflecta.org | www.facebook.com/ReflectaFilmfest

COOKUA

REFLECTA FILMFESTIVAL

MADAME HERRLICH

STEINBEISSER'S EXPERIMENTELLE GASTRONOMIE

SOMMERWERFT

JUNIOR SLOW FRANKFURT E.V. EVENT/GASTRONOMIE

fairtrade & sozial | bio | ökologisch up/recycle | regional | vegetarisch | vegan | barrierefrei | kinderfreundlich

Das Slow Mobil ist eine Idee von Slow Food-Mitgliedern: Ein alter Bauwagen wurde zu einer rollenden Küche umgebaut und fährt zu Schulen, Horten, Kindergärten oder -tagesstätten in Frankfurt und Umgebung, um jungen Menschen zu zeigen, wie einfach es ist und wie viel Spaß es macht, mit gesunden Lebensmittel zu kochen.

Adresse: Mörfelder Landstr. 77 | 60598 Frankfurt
Web: www.slowmobil-frankfurt.de

STEINBEISSER'S EXPERIMENTELLE GASTRONOMIE EVENT/GASTRO

bio | vegetarisch | vegan | kulturelles konzept

Inspiriert von der kreativen Vollwertküche verwendet das Catering Unternehmen aromareiche, frische Lebensmittel möglichst aus biologischem Anbau und von regionalen Betrieben, die sie persönlich kennen.

Adresse: Kleine Rittergasse 11 | 60594 Frankfurt am Main
Web: http://www.steinbeisser.org | https://www.facebook.com/Steinbeisser

HELDENMARKT FRANKFURT EVENT/MESSE

fairtrade & sozial | bio | ökologisch up/recycle | regional | vegetarisch | vegan | kinderfreundlich

Messe für nachhaltigen Konsum.

Öffnungszeiten: 17.10.2015 10-20 Uhr, 18.10.2015 10-18 Uhr
Adresse: Carlo-Schmid-Platz 1 | 60325 Frankfurt | **T** 0151-51959886
Web: www.heldenmarkt.de/frankfurt-2 | www.facebook.com/Heldenmarkt

N3 - FORUM NACHHALTIGES FRANKFURT EVENT/NETZWERK

Veranstaltungsreihe zu Themen der Nachhaltigkeit im Social Impact Lab Frankfurt.

Öffnungszeiten: verschiedene Themenabende
Adresse: Falkstr. 5 | 60487 Frankfurt
Web: www.opera-civil.de/n3/

N-KLUB
EVENT/NETZWERK

Netzwerk der Nachhaltigkeitsbranche

Öffnungszeiten: Verschiedene Netzwerkabende (nicht öffentlich)

Adresse: Netzwerkveranstaltungen | Frankfurt

Web: www.preventas-hamburg.de | www.facebook.com/PreventasHamburg

KLIMATOURS IM PIER F
EVENT/STADTFÜHRUNG

Mit den Green City Touren tourt man durch grüne Gebäude der Stadt.

Adresse: Franziusstr. 6 | 60314 Frankfurt | **T** 069 66575970 | **Web:** www.architekturimdialog.de/klimatours/

SOMMERWERFT
EVENT/THEATER- UND KULTURFESTIVAL

kulturelles konzept

Das Motto der Sommerwerft lautet „Auf Konsum ist das Leben nicht ausgerichtet". Aus diesem Grund sind die Kulturaufführungen kostenfrei. Das Festivalprogramm reicht von Theater-, Performance- und Tanz-Aufführungen bis hin zu Lichtshows, Kurzfilm-Vorführungen und Tanz-Workshops. Die Cocktailbar und der Biergarten sorgen für die Erfrischung zwischendurch.

Adresse: Weseler Werft, Eckhardtstraße | 60314 Frankfurt am Main | **T** 069-94147717

Web: www.sommerwerft.de | facebook.com/Sommerwerft-Theater-Festival/

STOFFEL FESTIVAL - STALBURG THEATER
EVENT/FESTIVAL

kulturelles konzept

Vier Wochen lang unterhält das Stalburg Theater im Günthersburgpark mit einem Kulturprogramm vom Feinsten.

Adresse: Glauburgstr. 80 | 60318 Frankfurt am Main | **T** 069 25 62 77 44

Web: http://stalburg.de/stoffel/info/

BÜRGER AG FÜR NACHHALTIGES WIRTSCHAFTEN
FINANZEN

Das Ziel der Bürger AG ist die Weiterentwicklung einer sozialen und umweltverträglichen Bio-Branche in der Region FrankfurtRheinMain. Darüber hinaus unterstützen sie die regionale Energiewende.

Adresse: Holzhausenstr. 22 | 60322 Frankfurt | **T** 069 94419443 | **Web:** www.buerger-ag-frm.de

OIKOCREDIT GESCHÄFTSSTELLE D.

FINANZINSTITUT/GENOSSENSCHAFT

Oikocredit vergibt Kredite und Kapitalbeteiligungen an Mikrofinanzinstitutionen, Genossenschaften und soziale Unternehmen in Entwicklungs- und Schwellenländern. Das Kapital dafür geben Anlegerinnen und Anleger, die ihr Geld sozial verantwortlich anlegen wollen.

Adresse: Berger Str. 211 | 60385 Frankfurt | **T** 069 21083110
Web: www.oikocredit.de | www.facebook.com/oikocredit

GLS GEMEINSCHAFTSBANK EG

FINANZINSTITUT/NACHHALTIGKEITSBANK

Die GLS Bank investiert ausschließlich in ökologische und soziale Projekte und Unternehmen.

Öffnungszeiten: Mo-Mi 10-16, Do 10-19, Fr 10-13
Adresse: Mainzer Landstr. 47 | 60329 Frankfurt | **T** 0234 5797100
Web: www.gls.de | www.facebook.com/glsbank

TRIODOS BANK N. V. D.

FINANZINSTITUT/NACHHALTIGKEITSBANK

Die Triodos Bank ist Europas führende Nachhaltigkeitsbank, die seit 1980 konsequent einer Idee folgt. Der Idee, mit dem Geld ihrer Kunden den positiven Wandel in der Gesellschaft zu finanzieren. Und dies mit größtmöglicher Transparenz – indem sie über jeden vergebenen Kredit berichten.

Öffnungszeiten: Direktbank
Adresse: Mainzer Landstr. 211 | 60329 Frankfurt | **T** 069 71719100
Web: www.triodos.de | www.facebook.com/triodos

UMWELTBANK AG

FINANZINSTITUT/NACHHALTIGKEITSBANK

Die UmweltBank verbindet erfolgreiches und professionelles Bankmanagement mit ökologischer und sozialer Verantwortung. Sie können auf rund 15.000 finanzierte Umweltprojekte, von Erneuerbaren Energien bis zu Ökohäusern zurückschauen.

Öffnungszeiten: Direktbank
Adresse: Direktbank | Frankfurt | **T** 0911 53080
Web: www.umweltbank.de | www.facebook.com/Umweltbank

FLOHMÄRKTE

Flohmarkt Sachsenhausen

Der Flohmarkt lädt jeden Samstag zwischen 9:00 und 14:00 Uhr ein, mit dem Blick auf die Frankfurter Skyline oder im authentisch rauhen Flair des Osthafens nach Secondhandartikeln,Trödel und Antiquitäten zu stöbern. Im wöchentlichen Wechsel findet er am traditionellen Standort am Schaumainkai zwischen Eiserner Steg und Holbeinsteg sowie am Osthafenplatz entlang der Lindleystrasse statt.

Öffnungszeiten: Sa 9–14 Uhr

Adresse: Schaumainkai zwischen Eisernem Steg und Holbeinsteg | 60594-60596 Frankfurt am Main

T 069-21248562 | **Web:** www.hfm-frankfurt.de/flohmarkt

Farbenfabrik Flohmarkt Gutleutviertel

Der Farbenfabrikflohmarkt lädt fünf Mal im Jahr an Sonn- und Feiertagen zum Entdecken von privaten Secondhandartikeln, DIY-Produkten, Musik und Kunst ein. Den Tag kann man gemütlich im Sommergarten ausklingen lassen – es stehen verschiedene Snacks zur Auswahl und DJs sorgen für den musikalischen Rahmen.

Adresse: Gutleutstraße 294 | 60327 Frankfurt am Main

Web: www.tanzhaus-west.de/flohmarkt | facebook.com/farbenfabrik.flohmarkt

Mädchenflohmarkt Frankfurt

Auf dem Mädchenflohmarkt werden vor allem Vintage-, Secondhand- und DIY-Mode sowie Kunst von Mädchen für Mädchen angeboten. Der Flohmarkt findet mehrmals im Jahr an neuen, tollen Locations statt. Da die Standgebühr in Form eines Kuchens oder Salates beglichen wird, gibt es neben den tollen Sachen auch so manches kulinarisches Highlight zu entdecken. Die Livemusik rundet das Ambiente ab.

Web: www.maedchenflohmarktfrankfurt.com

Handmade Markt im Grünen

Auf dem einmal im Jahr stattfindenden Handmade Markt im Grünen werden von kleinen, regionalen Manufakturen und privaten Designern und Künstlern Produkte aus den Bereichen Dekoration, Kunst, Mode, Naturkosmetik sowie Blumen, Kräuter und selbstgemachte Marmelade angeboten. Es finden außerdem diverse Mit-Mach-Angebote und eine Wildkräuter-Führung rund um den Alten Flugplatz statt.

Adresse: Alter Flugplatz Bonames Am Burghof 55 | 60437 Frankfurt am Main

Web: www.handmadeimgruenen.blogspot.de | facebook.com/HandmadeMarktImGrunen

fräulein zuckerminz'

Liebevoller Handmademarkt mit vielen fairen/bio/upcycling-Angeboten, der mehrmals im Jahr in der Christuskirche am Merianplatz stattfindet.

Adresse: Merianplatz 13 | 60316 Frankfurt | **T** 0176 - 990 717 28 | **Web:** frlzuckerminz.blogspot.de

KLÜCKSKINDER

GEMEINNÜTZIGE ORGANISATION

Klückskinder – Ein Vorbildprojekt für Heimkinder: Klückskinder initiieren Aktionen, die Kinder und Jugendliche in Kinderheimen, betreutem Wohnen und Pflegefamilien dazu motivieren, ihren eigenen Lebensweg abseits einer „Heimkindkarriere" zu gehen und ein selbstbestimmtes, erfülltes Leben zu führen.

Adresse: Falkstr. 5 | 60487 Frankfurt | **T** 0157 72518701
Web: www.klueckskinder.de | www.facebook.com/Klückskinder

RADFAHRBÜRO DER STADT FRANKFURT

INITIATIVE

Die Menschen in Frankfurt aktivieren, mehr Rad zu fahren - das ist der Auftrag dieses Portals. Dabei stehen sie mit beteiligten Ämtern der Stadtverwaltung in Kontakt und setzen sich für ein freundlicheres Radfahr-Klima in Frankfurt ein.

Adresse: Onlineportal | Frankfurt | **Web:** www.radfahren-ffm.de

BEWEGUNGSWERKSTATT C/O NICO MATTAUCH

INITIATIVE

fairtrade & sozial | bio | ökologisch up/recycle | regional | vegetarisch | vegan | barrierefrei | kinderfreundlich

Initiative um Kindern und Jugendlichen aus bildungsfernen Schichten, sowie Flüchtlingen den Zugang zu Bewegung durch Tanz, Sport etc. sowie das Vereinsleben näher zu bringen.

Adresse: Am Hohen Weg 31 | 60488 Frankfurt | **T** 0160 94934722
Web: www.bewegungswerkstatt-frankfurt.de | www.facebook.com/bewegungswerkstatt.frankfurt

PIER F

INITIATIVE/CO-WORKING

kulturelles konzept

PiER F ist eine Arbeits-, Bildungs- und Begegnungsstätte zu allen Aspekten der Nachhaltigkeit. In den Büros arbeiten Kreative/Unternehmen an grünen Themen, im Veranstaltungsbereich finden Vorträge und Workshops statt und der Showroom zeigt nachhaltige Lösungen von Herstellern/Initiativen.

Adresse: Franziusstr. 6 | 60314 Frankfurt | **T** 069 66575970
Web: www.facebook.com/PiERF6

TRANSITION TOWN FRANKFURT

INITIATIVE/ZUSAMMENSCHLUSS

Die Transition Town Initiative Frankfurt am Main ist ein Zusammenschluss von Menschen, die einen Wandel zu mehr Nachhaltigkeit vorantreiben wollen. Unter stadtplan.ttffm.de findet man relavante Initiativen und Projekte.

Adresse: Treffen finden an unterschiedlichen Orten statt | Frankfurt
Web: www.transition-town-frankfurt.de | www.facebook.com/transitiontownfrankfurt

LUST AUF BESSER LEBEN GGMBH

INITIATIVE/ZUSAMMENSCHLUSS

kulturelles konzept

Kompetenzzentrum für Bildung für nachhaltige Entwicklung auf lokaler Ebene.

Adresse: Kinkelstr. 9 | 60385 Frankfurt
Web: www.lustaufbesserleben.de | www.facebook.com/Labl.FRANKFURT

FRANKFURT' FINEST MESSENGERS

INTERESSENGEM. DER FAHRRADKURIERE

kulturelles konzept

Interessensgemeinschaft, die aus der Fahrradkurierszene Frankfurts hervorgegangen ist. Sie fördern die Radsportkultur, die öffentliche Wahrnehmung des Fahrrads und beraten Fahrradkuriere.

Adresse: Taunusstr. 37 | 60329 Frankfurt
Web: www.ffm-ev.org | www.facebook.com/frankfurtsfinest.messengers

COOKUA

WORKSHOPS

bio | fair & sozial | vegetarisch | vegan| kulturelles konzept | kinderfreundlich

cookua macht die natürliche Verbindung zwischen Landwirtschaft und Essen erlebbar. Kinder und Jugendliche kochen gesundes, nachhaltiges und leckeres Essen. Regional. Saisonal. Am liebsten Bio. Die Kochkurse bringen Spaß und vermitteln komplexe Inhalte undogmatisch und mit viel frischem Wind.

Adresse: Baumstraße 42 | 65428 Rüsselsheim | **T** 0176-23169553
Web: www.cookua.de

KINOS

Kino im Deutschen Filmmuseum
Schaumainkai 41 | 60596 Frankfurt am Main
T 069-961220220
www.deutsches-filminstitut.de/filmmuseum
facebook.com/deutschesfilmmuseum

Harmonie Kinos
Dreieichstr. 54 | 60594 Frankfurt am Main
T 069-66371836
www.arthouse-kinos.de
facebook.com/ArthouseKinosFrankfurt

CINEMA Kinos
Rossmarkt 7 | 60311 Frankfurt am Main
T 069-21997855 | www.arthouse-kinos.de
facebook.com/ArthouseKinosFrankfurt

Pupille Kino
Mertonstraße 26–28 | 60325 Frankfurt am Main
T 069-79828976 | www.pupille.org
facebook.com/Pupillekino

Filmforum Höchst
Emmerich-Josef-Straße 46a | 65929 Frankfurt am Main
T 069-21245664 | www.filmforum-höchst.com

Naxos Kino
Naxoshalle, Waldschmidtstraße 19 HH
(gegenüber Mousonturm) | 60316 Frankfurt
www.naxos-kino.org/

Orfeo's Erben
Hamburger Allee 45 | 60486 Frankfurt am Main
T 069-70769100
www.orfeos.de/kino

Frankfurter Kinowoche
Frankfurt am Main | T 069-961220220
www.frankfurter-kinowoche.de
facebook.com/frankfurterkinowoche

Filmreihe „Double Feature"
Immer am letzten Mittwoch des Monats
Schirn, Römerberg | 60311 Frankfurt am Main
T 069-2998820
www.schirn.de/_Newsroom_Double_Feature.html

Berger Kino
Berger Straße 177 | 60385 Frankfurt am Main
T 0 69 / 9 45 03 30
www.berger-kino-frankfurt-am-main.kino-zeit.de

Hafenkino
Programmkino im Kulturzentrum Hafen 2
Nordring 129 | 63067 Offenbach
T 0 69 /26 01 22 23
hafenkino@hafen2.net | kontakt@hafen2.net
www.hafen2.net

Mal Seh'n Kino e.V.
Adlerflychtstraße 6 | 60318 Frankfurt am Main |
T 069-5970845 | Web: www.malsehnkino.de
facebook.com/malsehnkino

FRAKTALI – ATELIER FÜR VERWANDLUNGSDESIGN

KUNST

Fraktali verarbeitet Fahrradschläuche, Waschmaschinentrommeln, Turnmatten, Trocknerhauben und andere einstmals mit viel Energieaufwand produzierte Gebrauchsgüter und schenkt ihnen so ein zweites - meist sogar noch viel schöneres - Leben. Alle Stücke sind Unikate und mit echter Liebe zum Detail handgefertigt.

Adresse: Linnéstr. 3 | 60385 Frankfurt | **T** 0178 1482993
Web: www.beatriceanlauff.com

AU

KUNST- UND KULTURZENTRUM

kulturelles konzept

Frankfurt's Punk-Rock Place No. 1! Gegen Faschismus, Rassismus und Antisemitismus.Frankfurt's Punk-Rock Place No. 1! Gegen Faschismus, Rassismus und Antisemitismus.

Adresse: In der Au 14–16 | 60489 Frankfurt am Main
Web: www.au-frankfurt.org

DGB JUGENDCLUB U 68

KUNST- UND KULTURZENTRUM

vegetarisch | vegan | barrierefrei

Dieses soziale Zentrum besitzt ein veganes Cafe, in dem veganer Kuchen, Waffeln und Törtchen angeboten werden. Nebenbei werden Integration und Gleichberechtigung gefördert.

Öffnungszeiten: Mo-Fr 17-22 Uhr
Adresse: Wilhelm-Leuschner-Str. 69-77 | 60329 Frankfurt am Main | **T** 069 27300578
Web: www.facebook.com/DgbJugendclubU68

PRESENCE KULTURLOUNGE

KUNST- UND KULTURZENTRUM

kulturelles konzept

PRESENCE bietet Räume und Zeiten für menschliche Begegnungen, Kulturangebote und Austausch über Lebensthemen in Frankfurt-Bornheim. Sie wollen Brücken bauen zwischen Kultur und persönlicher Reflexion und zum ganzheitlichen Leben anregen. Durch verschiedene Angebote wie Film, Musik, Gespräche und Seminare laden sie zu persönlicher Reflexion und gegenseitigem Austausch ein.

Adresse: Wittelsbacherallee 72 | 60385 Frankfurt am Main
T 069-47862308 069-47862308
Web: www.presence-kulturlounge.de/ | https://www.facebook.com/Presence-kulturlounge/

FAITES VOTRE JEU!

KUNST- UND KULTURZENTRUM

kulturelles konzept

Das selbstverwaltete, unkommerzielle Zentrum „Faites votre jeu!“ bietet Raum für verschiedene kulturelle, künstlerische und politische Veranstaltungen. Im Umsonst-Laden können Gegenstände aller Art ohne Geld oder Tauschobjekt mitgenommen bzw. abgegeben werden. Ein weiterer Schwerpunkt der Initiative liegt in der Durchführung von Ausstellungen.

Adresse: Klapperfeldstraße 5 | 60313 Frankfurt am Main | **T** 0157-83644064
Web: www.faitesvotrejeu.blogsport.de

RAUMSTATION RÖDELHEIM

KUNST- UND KULTURZENTRUM

kulturelles konzept

Die unkommerzielle Raumstation Rödelheim lebt von der ehrenamtlichen Initiative ihrer Mitglieder, die die Veranstaltungen nach dem DIY-Prinzip organisieren und durchführen. Es finden regelmäßige Lesungen, Konzerte und Partys statt. Infoveranstaltungen behandeln aktuelle Themen wie z. B. Tierrechte, Veganismus und Umweltschutz.

Adresse: Auf der Insel 14 | 60489 Frankfurt am Main | **T** 069-78803420
Web: www.nachtgewitter.insel14.de

KLAPPERFELD

KUNST- UND KULTURZENTRUM

kulturelles konzept

Neben der Dauerausstellung zur nationalsozialistischen Vergangenheit und Nutzung des ehemaligen Polizeigefängnisses Klapperfeld zwischen 1933 und 1945 finden hier regelmäßige Veranstaltungen und Konzerte statt.

Öffnungszeiten: Sa 15–18 Uhr
Adresse: Klapperfeldstraße 5 | 60313 Frankfurt am Main | **T** 0163-9401683
Web: www.klapperfeld.de

BLAUES HAUS

KUNST- UND KULTURZENTRUM

kulturelles konzept

Im Vordergrund der Plattform Blaues Haus stehen die Förderung und Organisation künstlerischer, wissensfördernder und handwerklicher Aktivitäten sowie die Vernetzung von Akteuren, welche in diesen oder verwandten Bereichen tätig sind. Das Bestreben des Projektes „Blaues Haus" ist die Schaffung einer Begegnungsstätte in Frankfurt am Main zur Bündelung und freien Entfaltung gemeinsamer Fähigkeiten und Interessen..

Adresse: Niederräderufer 2 | 60528 Frankfurt am Main | **T** 0157-35170284

Web: www.blaueshaus-frankfurt.de

KÜNSTLERHAUS MOUSONTURM

KUNST- UND KULTURZENTRUM

Veranstaltungort für Performance, Tanz, Theater und Konzerte. Außerdem beherbergt und unterstützt das Haus mit Probebühnen und Ateliers, Künstlerwohnungen, Bühnenwerkstatt eine Vielzahl von Künstlern. Andere, ästhetische Ausdrucksformen oder radikalere politische Wirkungsweisen werden hier möglich gemacht.

Adresse: Waldschmidtstraße 4 | 60316 Frankfurt am Main | **T** 069-40 58 950

Web: www.mousonturm.de | www.facebook.com/Mousonturm

KUNSTVEREIN FAMILIE MONTEZ

KUNSTVEREIN

Der Kunstverein, der sich der Vermittlung zeitgenössischer Kunst widmet, organisiert außerdem Vortragsreihen, Filmprogramme, Performances, Musikveranstaltungen, Sommerakademien und Partys.

Adresse: Honsellbrücke am Hafenpark/ Honsellstraße 7 | 60388 Frankfurt am Main

Web: www.kvfm.de/ | https://www.facebook.com/montezffm

PAPAGENO MUSIKTHEATER

KUNSTVEREIN

kulturelles konzept | kinderfreundlich

Klein aber fein: Das Papageno Musiktheater bietet ganzjährlich für alle Generationen ein vielfältiges Programm. Von musikalischen Märchen und Abenteuern für die Kleinen bis hin zu Opern, Operetten, Opernschauspiele, Musicals und Konzerte für die Großen - hier wird Klassische Musik auf ganz eigene und einfühlsame Art und Weise für jeden zugänglich gemacht.

Adresse: Walter-Leiske-Straße 36 | 60320 Frankfurt am Main | **T** 069 - 51 50 38

Web: www.papageno-theater.de

KLIMATOUR

SENCKENBERG MUSEUM

VILLA ORANGE

BLAUES HAUS

MUSEEN

Bildungsstätte Anne Frank e.V.

Die Bildungsstätte Anne Frank e.V. bietet Jugendlichen und Erwachsenen die Möglichkeit zur Auseinandersetzung mit der Geschichte des Nationalsozialismus. Ein weiterer Schwerpunkt ist die Menschenrechtsbildung und die Verständigung zwischen Menschen unterschiedlicher Herkunft, sozialem Status und Lebensweise.

Öffnungszeiten: Di–Fr 10–17 Uhr, So 12–18 Uhr

Adresse: Hansaallee 150 | 60320 Frankfurt am Main

T 069-5600025 | **Web:** www.bs-anne-frank.de

Deutsches Albert-Schweitzer-Zentrum

Die Dauerausstellung „Albert Schweitzer - Grenzenlose Menschlichkeit im Denken und Handeln" behandelt den Lebensweg Albert Schweitzers und seine Tätigkeit als Arzt in Äquatorialafrika. Das Zentrum dient als Museum, Archiv und Begegnungsstätte. Der Eintritt ist frei.

Öffnungszeiten: Di, Mi, Fr 9–16 Uhr, Do 9–20 Uhr, erster und dritter Sa 10–16 Uhr

Adresse: Wolfsgangstraße 109 | 60322 Frankfurt am Main | **T** 069-284951

Web: www.albert-schweitzer-zentrum.de

Dialogmuseum

In der Dauerausstellung „Dialog im Dunkeln" können Besucher in sechs verdunkelten Erlebnisräumen von blinden Mitarbeitern geleitet das Blindsein praktisch erfahren. In den Räumen erwarten sie unterschiedliche Alltagssituationen inklusive einer Bootsfahrt. In der Dunkelbar wird der Geschmacks- und Geruchssinn der Besucher gefordert.

Öffnungszeiten: Di–Fr 9–17 Uhr, Sa, So, Feiertage 11–19 Uhr, jeden 1. Donnerstag im Monat 9–21 Uhr

Adresse: Hanauer Landstraße 137–145 | 60314 Frankfurt am Main | **T** 069-90432144

Web: www.dialogmuseum.de

Museum für Moderne Kunst

Bienenprojekt auf dem Dach des MMK - der Produktionsstandort der Stadtimkerei auf dem Dach des MMK umfasst etwa 650.000 Bienen und wird von den Künstlern Florian Haas und Andreas Wolf gepflegt. Einmal im Monat können Besucher den Lehrpfad zur Stadtimkerei bei einer ca. einstündigen Führung besuchen.

Öffnungszeiten: Di, Do–So 10–18 Uhr, Mi 10–20 Uhr

Adresse: Domstraße 10 | 60311 Frankfurt am Main | **T** 069-21230447

Web: www.mmk-frankfurt.de | facebook.com/mmkfrankfurt

Portikus

Im zur Städelschule gehörenden Portikus werden zeitgenössische Werke von jungen als auch von renommierten Künstlern gezeigt. Der Eintritt ist für die Besucher frei.

Öffnungszeiten: Di–So 11–18 Uhr, Mi 11–20 Uhr

Adresse: Alte Brücke 2 | 60594 Frankfurt am Main | **T** 069-96244540

Web: www.portikus.de

Senckenberg Museum

Das Senckenbergmuseum ist Mitglied von BioFrankfurt e. V. Die Senckenberg Gesellschaft für Naturforschung, die Trägerin des Museums, arbeitet seit fast 200 Jahren dafür, die Natur mit ihrer Vielfalt an Lebensformen zu erforschen und zu verstehen, um sie als Lebensgrundlage für zukünftige Generationen erhalten und nachhaltig nutzen zu können.

Öffnungszeiten: Mo, Di, Do, Fr 9–17 Uhr, Mi 9–20 Uhr, Sa, So 9–18 Uhr

Adresse: Senckenberganlage 25 | 60325 Frankfurt | **T** 069-75420

Web: www.senckenberg.de | facebook.com/SenckenbergWorld

Museum zur Geschichte der Gehörlosen und Schwerhörigen

Zwei Jahrtausende Gehöhrlosengeschichte können in dem kleinen, privaten Museum besichtigt werden.

Öffnungszeiten: Nach Vereinbarung

Adresse: Rothschildallee 16a | 60389 Frankfurt am Main | **T** 069-9459300

Web: www.gebaerdennetz.de

TAUSCHRING BOCKENHEIM

NETZWERK

In Tauschringen tauschen die Teilnehmer Dienstleistungen und Waren gegen Zeit. Dabei erfolgt die Berechnung der Leistung in einer alternativen Verrechnungseinheit.

Adresse: Onlineplattform | Frankfurt
Web: www.tauschringbockenheim.de

TECHETTES

NETZWERK

Techettes ist ein regionales Netzwerk junger Frauen im Tech Sektor in Frankfurt und der Rhein-Main Region.

Web: www.techettes-frankfurt.com | www.facebook.com/TechettesFrankfurt

R A D A R – KREATIVRÄUME FÜR FRANKFURT

NETZWERK

Im Auftrag des Frankfurter Stadtplanungsamtes und des Kulturamtes vermittelt Radar leerstehende Gewerberäume an Kreative.

Adresse: Gutleutstr. 8-12 | 60329 Frankfurt | **T** 069 78088067
Web: www.radar-frankfurt.de | www.facebook.com/radar.frankfurt

OPEN KNOWLEDGE FOUNDATION D. E.V.

NETZWERK

Online-Plattform um Initiativen Deutscher Städte bekannt zu machen.

Adresse: Prenzlauer Allee 217 | 10405 Berlin
Web: www.frankfurt-gestalten.de/initiativen | www.facebook.com/frankfurtgestalten

KLIMA-GOURMET

NETZWERK

Aktion der Stadt Frankfurt, Übermut und dem Netzwerk Nachhaltigkeit lernen Frankfurt. Lokale Initiativen haben hier ihren Raum und können zeigen, was sie auf die Beine stellen. Initiativen wie Klimagourmet Woche und Klimasparbuch bieten ihnen dafür eine Plattform.

Öffnungszeiten: verschiedene Initiativen/Veranstaltungen
Adresse: Onlineplattform | Frankfurt
Web: www.klimagourmet.de | www.facebook.com/klimagourmet

FRANKFURT ÜBER MORGEN

NETZWERK

14 motivierte Studierende der Goethe-Uni Frankfurt und deren Mentoren Dr. Frauke Fischer und Achim Ripperger möchten nachhaltige Entwicklung in Frankfurt anregen und umsetzen.

Adresse: Onlineplattform/Blog | Frankfurt
Web: www.frankfurt-ueber-morgen.de | www.facebook.com/FrankfurtUeberMorgen

SOCIAL IMPACT LAB FRANKFURT

NETZWERK/CO-WORKING

Co-Working, Eventraum, Beratung und Netzwerk für alle, die den Menschen, Soziales und Nachhaltigkeit in den Mittelpunkt ihrer Arbeit stellen.

Öffnungszeiten: Mo-Fr 9-18 Uhr
Adresse: Falkstr. 5 | 60487 Frankfurt | **T** 069 795393660
Web: www.frankfurt.socialimpactlab.eu | www.facebook.com/Social-Impact-Lab-Frankfurt

ARBEITSGEMEIN. NATUR- UND UMWELTBILDUNG E.V.

VEREIN

Die Arbeitsgemeinschaft Natur und Umweltbildung ist der Dach- und Fachverband von inzwischen ca. 1160 Umweltzentren, Initiativen, AnbieterInnen, FreiberuflerInnen/Selbständigen und weiteren Einzelpersonen, die in der außerschulischen Umweltbildung tätig sind.

Adresse: Kasseler Str. 1a | 60486 Frankfurt | **T** 069 716733290
Web: www.umweltbildung.de | www.facebook.com/Arbeitsgemeinschaft-Natur-und-Umweltbildung-Bundesverband-eV

STADTTAUBENPROJEKT FRANKFURT

VEREIN

Der gemeinnützige Verein leistet einen Beitrag zur sinnvollen, problemorientierten, ökologischen und vor allem ethisch vertretbaren Umgang mit Stadttauben.

Öffnungszeiten: nach Absprache
Adresse: Solmsstr. 9 | 60486 Frankfurt | **T** 0170 8484757
Web: www.stadttaubenprojekt.de | www.facebook.com/StadttaubenprojektFrankfurt

SOCIAL IMPACT LAB

BEWEGUNGSWERKSTATT

MOUSONTURM

VILLA ORANGE

NOWATO

ALLG. D. FAHRRAD-CLUB LANDESVERB. HESSEN E.V. VEREIN

Bundesverband mit Themen wie Verkehrssicherheit, Verkehrsplanung, Fahrradtourismus, Verkehrspädagogik, Diebstahlsicherheit im Bezug auf Fahrräder.

Adresse: Löwengasse 27a | 60385 Frankfurt | **T** 069 956346040
Web: www.adfc-hessen.de | www.facebook.com/ADFC-Frankfurt

IB-JUGENDZENTRUM GUTLEUT VEREIN

fairtrade & sozial | kulturelles konzept

Internationaler Bund Freier Träger der Jugend-, Sozial- u.Bildungsarbeit e.V.
Das Jugendzentrum bietet zahlreiche Angebote wie Sport, Hausaufgabenhilfe und Beratung in Krisen- und Konfliktsituationen.

Öffnungszeiten: Mo+Di+Fr 13:30-21 Uhr, Mi+Do 10-18 Uhr
Adresse: Schönstr. 3 | 60327 Frankfurt | **T** 069 253391
Web: www.internationaler-bund.de

SLOW FOOD DEUTSCHLAND E.V. VEREIN

fairtrade & sozial | bio | ökologisch up/recycle | regional | vegetarisch | vegan | barrierefrei | kinderfreundlich

Slow Food e.V. ist eine weltweite Vereinigung von bewussten Genießern, die verantwortlichen Umgang mit Nahrungsmitteln fördern, Produzenten, Händler und Verbraucher miteinander in Kontakt bringen und Wissen über die Qualität von Nahrungsmitteln vermitteln.

Adresse: Marc Aurel Str. 16 | 60439 Frankfurt | **T** 069 58700730
Web: www.slowfood.de/slow_food_vor_ort/frankfurt_main/ | www.facebook.com/SlowFoodDeutschland

SHOUT OUT LOUD VEREIN

fairtrade & sozial | bio | ökologisch up/recycle | regional | vegetarisch | vegan | barrierefrei | kinderfreundlich

Shout out loud - Changing the World Step by Step e.V.
Der Verein möchte Menschen und der Umwelt mit kleinen Projekten helfen, sich selbst zu helfen. Mit kleinen Aktionen will der Verein langfristig große Wirkung erzielen – lokal, national und international.

Adresse: Darmstädter Landstr. 1 | 60594 Frankfurt | **T** 069 20160204
Web: www.shoutoutloud.eu

BIO FRANKFURT – NETZWERK FÜR BIODIVERSITÄT VEREIN

ökologisch up/recycle

Die BioFrankfurt e.V. besteht aus zwölf Institutionen aus Forschung, Bildung und Naturschutz und setzt sich für Natur, Nachhaltigkeit und die Erhaltung der biologische Vielfalt ein.

Adresse: Senckenberganlage 25 | 60325 Frankfurt am Main | **T** 069-75421545
Web: www.biofrankfurt.de | facebook.com/BioFrankfurt

DIE STADTTEILINITIATIVE KOBLENZER STRASSE E.V. VEREIN

Verein als organisatorische und infrastrukturelle Plattform.: die Stadtteilinitiative Koblenzer Straße e.V. (SIKS) stellt engagierten Menschen eine organisatorische und infrastrukturelle Plattform zur Verfügung, mit deren Hilfe vielfältige kulturelle, künstlerische und soziale Veranstaltungen im öffentlichen Raum gemeinschaftlich umgesetzt werden können.

Adresse: Koblenzerstraße 11 | 60327 Frankfurt am Main
Web: www.siks-ffm.de

ALIANZA DEL CLIMA E.V. VEREIN FÜR GLOBALEN KLIMASCHUTZ

Klima-Bündnis der europäischen Städte mit indigenen Völkern der Regenwälder / Alianza del Clima e.V. Die Mitgliedsstädte und -gemeinden im Klima-Bündnis engagieren sich für den globalen Klimaschutz.

Adresse: Galvanistr. 28 | 60486 Frankfurt
Web: www.climatealliance.org | www.facebook.com/ClimateAlliance

FRA. INSTITUT FÜR NACHHALTIGE ENTWICKLUNG E.V.

KULTURZENTRUM

FINE unterstützt Schulen, Unternehmen und weitere Organisationen beim Implementieren nachhaltiger Strukturen, z.B. mit Workshops, Coachings und Supervisionen.

Adresse: Bockenheimer Landstr. 106 | 60323 Frankfurt | **T** 0177 4305613
Web: www.fine-institut.de

BIOFRANKFURT

VEREIN FÜR NATURSCHUTZ

BioFrankfurt – Das Netzwerk für Biodiversität e.V. c/o Senckenberg Forschungsinstitut und Naturmuseum:
Zwölf Institutionen aus Forschung, Bildung und Naturschutz tragen derzeit den Verein BioFrankfurt e.V. Die Einrichtungen bündeln ihre Erfahrung und ihr Wissen, um sich gemeinsam für die Erhaltung der Biologischen Vielfalt (Biodiversität) einzusetzen und das öffentliche Bewusstsein für ihre Bedeutung zu stärken.

Adresse: Senckenberganlage 25 | 60325 Frankfurt | **T** 069 75421545
Web: www.biofrankfurt.de

FREIRAUM FRA. - LEER.STAND.KULTUR E.V.

VEREIN

fairtrade & sozial | bio | ökologisch up/recycle | regional | vegetarisch | vegan | barrierefrei | kinderfreundlich

Wir als „FreiRaum Frankfurt e.V. Leer Stand Kultur" treten dafür ein, den immensen Leerstand der Stadt Frankfurt in kreative Möglichkeitsräume zu verwandeln.

Adresse: Eppsteiner Str. 32 | 60323 Frankfurt
Web: www.freiraum-ffm.de | www.facebook.com/FreiRaumFrankfurt

UMWELTFORUM RHEIN-MAIN E.V.

VEREIN FÜR UMWELTSCHUTZ

Die Arbeit des „Umweltforums Rhein-Main" folgt dem Zweck, im Sinne der Agenda 21 eine dauerhaft umweltgerechte Entwicklung und den Umweltschutz zu fördern.

Adresse: Vilbeler Landstr. 25 | 60386 Frankfurt | **T** 069 21239476
Web: www.umweltforum-rhein-main.de

ENERGIEPUNKT E.V.

VEREIN/ENERGIEBERATUNG

Energiepunkt - Energieberatungszentrum FrankfurtRheinMain e.V.:
Kostenfreie Impulsberatung für Bauherren, Modernisierer und Mieter: vom Einsatz regenerativer Energien bis zur Wärmedämmung.

Adresse: Ginnheimer Str. 48 | 60487 Frankfurt | **T** 069 21383999
Web: www.energiepunkt-frankfurt.de | www.facebook.com/EnergiepunktFrankfurtRheinMain

ZENTRUM FÜR GESELLSCHAFTL. FORTSCHRITT E.V. VEREIN

kulturelles konzept

„Schöne Aussichten – Forum für Frankfurt" bietet Räume, um miteinander über die Zukunft Frankfurts zu sprechen und eine lebendige und lebenswerte Stadt mitzugestalten. In einem langfristig angelegten Prozess werden Elemente der künftigen Ausrichtung der Stadt erarbeitet und konkrete Schritte auf den Weg gebracht.

Adresse: Eschersheimer Landstr. 55 | 60322 Frankfurt | **T** 069 788098290
Web: www.schoeneaussichtenffm.de | www.facebook.com/Schöne-Aussichten-Forum-für-Frankfurt

GLÜCK IST JETZT VEREIN/VERANSTALTUNGSORT

fairtrade & sozial | vegetarisch | kinderfreundlich | kulturelles konzept | vegan

Hier ist alles bunt, wild und chaotisch. Jan, Initiator von „Glück ist Jetzt" vermittelt sein Konzept ab dem ersten Moment. Es gibt Taschen, Glücksblumen, aber auch ein Cafe, eine Geschenkbox, Lachyoga und vieles mehr. Eine Welt zum Eintauchen…

Adresse: Baumweg 20 | 60316 Frankfurt am Main | **T** 0163-66 22 059
Web: www.glückistjetzt.de

ZARAKALI VEREIN/WORKSHOPS

kulturelles konzept

Zirkus für Kinder und Jugendliche zum Mitmachen: Offenes Training für Kinder und Jugendliche unabhängig ihrer körperlichen und geistigen Voraussetzung (ab 6 Jahre)

Adresse: Platenstraße 79 | 60431 Frankfurt am Main | **T** 069-56807911
Web: www.zarakali.de

HOTEL VILLA ORANGE ÜBERNACHTEN

bio | vegan | fairtrade & sozial | vegetarisch | kinderfreundlich

Frankfurts erstes und einziges Biohotel. Hier ist alles bio und fair: Vom Frühstück über das Shampoo bis hin zur Bettwäsche.

Adresse: Hebelstraße 1 | 60318 Frankfurt
T 069 40584-0
Web: www.villa-orange.de

Im Gespräch mit…

ANNA-MARA SCHÖN, KENAN BOZHÜYÜK UND DANIEL ANTHES

Vorstand von ShoutOutLoud – Changing the World Step by Step e.V.

Stellt uns doch kurz euer Projekt vor. Was steckt hinter „ShoutOutLoud e.V."?

Wir sind eine Gruppe junger Leute, die keine Lust mehr auf das „business as usual" in unserer Welt hat. Gemeinsam möchten wir helfen, eine Welt zu schaffen, in welcher wir die uns zur Verfügung stehenden Ressourcen sozial inklusiv und ökologisch nachhaltig nutzen. Unser Fokus liegt dabei derzeit auf den Themen Lebensmittelverschwendung (Programm: Kein Essen für die Tonne) und Ressourcenverschwendung, insbesondere im Bereich des inflationären Gebrauchs von Plastik und unnötigem Verpackungsmaterial (Programm: Kein Plastik für die Tonne). Dabei versuchen wir vor allem, Bewusstsein bei der Bevölkerung für diese Probleme zu schaffen, aber natürlich auch mögliche Lösungswege aufzuzeigen.

Wie kamt ihr auf die Idee?

Wir wollten nicht nur meckern, sondern etwas gegen die Probleme tun, die uns stören. Probleme auf der Welt gibt es unzählige - Klimawandel, Ressourcenverknappung, Armut & Hunger, Globalisierung… Doch wo fängt man an? Am besten vor der eigenen Haustür! Wir finden, dass die Menschen heute zu gedankenlos mit den verfügbaren Ressourcen umgehen.

Was waren die Startschwierigkeiten und wie seid ihr damit umgegangen?

Wir wollten eine möglichst offene Satzung, um uns so vielen Themen wie möglich zu widmen. Die Abstimmung mit dem Finanzamt dazu hat uns ein dreiviertel Jahr gekostet.

Was bedeutet Nachhaltigkeit für euch?

Für uns sind ganzheitlich durchdachte Konzepte wichtig – ökologisch, fair und sozial in allen Aspekten. Wichtig ist, sich soweit wie möglich die ganze Wertschöpfungskette anzuschauen und nicht kurz hinter dem Tellerrand aufzuhören. **Was ist euer Lieblingsort in Frankfurt? Habt ihr einen Geheimtipp?**

Der Frankfurter Garten. Hier blüht und summt es und man trifft man auf spannende Menschen, die viel zu erzählen haben.

Wie seht ihr die aktuelle gesellschaftliche Situation? Was läuft schief, was gibt Hoffnung?

Schief läuft so viel – die vielen Kriege, Kapitalismus, Korruption… Hoffnung geben die Menschen, die das nicht mehr hinnehmen wollen und etwas ändern – jeden Tag, in ihrem persönlichen Umfeld.

Und im speziellen Bezug auf Frankfurt?

Es scheint, als ob die Schere zwischen arm und reich immer größer wird und dass viele Menschen sich nicht um andere kümmern, sondern sich nur aufs Shoppen konzentrieren. Aber schaut man genauer hin, sieht man viele kleine Aktivitäten und Projekte, die in eine andere Richtung lenken. Die gilt es nun breit zu skalieren, um alle mitzunehmen und nicht nur eine kleine Gruppe.

ShoutOutLoud – Changing the World
Step by Step e.V.
Darmstädter Landstr. 1
60594 Frankfurt

Tel: 069/96752238
Web: www.shoutoutloud.eu
Email: info@shoutoutloud.eu

Nachhaltigkeit und Bankwesen muss kein Widerspruch sein

Korruptionsvorwürfe, riskante oder gescheiterte Spekulationsvorgänge mit fremden Geldmitteln, dubiose Anlagestrategien, Profitgier und egoistische Gewinnmaximierung: All diese Faktoren steigerten speziell nach der Finanzkrise den Vertrauensverlust in das Bankenwesen. So mancher Gewissenskonflikt ist da vorprogrammiert: Wer seine ethischen, sozialen und ökologisch Prinzipien auch im täglichen Geldtransfer weiter ausleben möchte, ohne in Gefahr zu geraten, mit seinen der Bank zur Verfügung gestellten Geldmittel und Zinsen in moralisch bedenkliche Projekte zu investieren, scheint auf verlorenem Posten. Und doch: Trotz ihres Nischendaseins haben sich mittlerweile Finanzinstitute etabliert, die ihre Gewinnmaximierung auf die Säulen ökologischen, ethischen und moralischen Finanzgebarens stellen und sich den Ansprüchen sozialen Bankings in ihrer Unternehmensphilosophie unterwerfen.

Wie „fair" kann ein Geldinstitut sein?

Wenn es um faires Banking, also einem nachhaltigen Finanztransfer - im Sinne von ökologisch, ökonomisch und fair - geht, werden in Deutschland vor allem vier Geldinstitute genannt: GLS Bank, Umweltbank, EthikBank und Triodos Bank. Deren finanzielle Transaktionen genügen einem sozial-ökologischen Anspruch. Sie stellen beispielsweise Geldmittel zur Verfügung für Umwelt-, Wind- und Wasserkraftprojekte oder nachhaltige Immobilien. Ihre Investitionen dienen dem sozialen Miteinander und ethischen Grundsätzen in der Gesellschaft. Und sie verweigern sich ausnahmslos allen Projekten, Investitionen und Kreditvergaben, die eben jene Grundsätze torpedieren. Geldanlagen für Waffen- und Atomkraftwerke etwas sind auf jeden Fall tabu, ebenso Kredite für demokratiefeindliche Systeme. Mehr noch fordern verschiedene Institute die Einhaltung und Durchführung sozialer Prinzipien in der Firmenstruktur der Unternehmen, die sich um Geldmittel bewerben.

Der Preis des guten Gewissens

Dass solche ethischen und ökologischen Grundsätze auf Kundenseite nicht ohne Nachteile auskommen, scheint logisch. Dazu gehören etwa Kontoführungsgebühren, die einer Attraktivität von Kundenseite im Normalfall entbehren. Doch die Höhe solcher Gebühren steht in keinem Verhältnis zu den Leistungen für Sozialwesen und Umwelt, zu denen der Kontoinhaber indirekt beiträgt.

Alles bargeldlos?

Grüne Finanzinstitute agieren im Regelfall als Direktbanken. Kundenkontakt findet auf telefonischem Weg oder über Online-Kommunikation statt. Ein Filialwesen bleibt eher die Ausnahme. Allerdings ist es möglich, Bargeld bei den Volks- und Raiffeisenbanken ohne Zusatzgebühren kostenfrei abzuheben. Allein die Umweltbank bietet keine Girokonten an. Insgesamt ist das Angebot der Finanzinstitute fast genauso vielfältig wie das gängiger Kreditinstitute. Es reicht je nach Bank von Wertpapier-Depots über Bausparverträge bis hin zu verschiedenen Darlehensarten.
Banking, Nachhaltigkeit und ökologische Prinzipien müssen sich also nicht ausschließen.

von Felix Lieb

12 Bio-Siegel im Überblick

Deutsches Bio-Siegel

Mit dem deutschen Bio-Siegel werden Lebensmittel gekennzeichnet, bei deren Produktion der eigene Betrieb die Futter- und Nährstoffgrundlage des Endproduktes darstellt. Dabei müssen alle Zutaten landwirtschaftlichen Ursprungs und zu 95 % aus ökologischem Anbau stammen.

EU-Biosiegel (verpflichtend)

Seit 2010 müssen alle in Europa produzierten Bio-Lebensmittel mit diesem Logo gekennzeichnet werden. Im Endprodukt darf dabei höchstens 0,9 Prozent gentechnisch verändertes Material enthalten sein. Außerdem müssen mindestens 95 Prozent der Inhaltsstoffe aus ökologischem Anbau stammen.

Bioland

Sieben Prinzipien sind die Grundlage für die Vergabe des Siegels des Anbauverbandes Bioland: Die Bauern sollen im Kreis wirtschaften, die Bodenfruchtbarkeit fördern, ihre Tiere artgerecht halten, biologische Vielfalt fördern, wertvolle Lebensmittel erzeugen, die natürlichen Lebensgrundlagen bewahren und Menschen eine lebenswerte Zukunft gewährleisten.

Ecoland

Die Richtlinien von Ecoland bauen auf den gesetzlichen Verordnungen der EU auf, legen allerdings einen höheren Wert auf den Praxisbezug der Bauern zu ökologischem Landbau. Besonders im Vordergrund stehen dabei der Boden-, Wasser- und Naturschutz sowie natürlich der Ökolandbau und die soziale Verantwortung.

Biokreis

Bei diesem Siegel steht neben der ökologischen Herstellung vor allem die Regionalität im Vordergrund. Dazu werden ökologisch arbeitende Landwirte und Verbraucher zusammengebracht, um die ökologische Landwirtschaft zu unterstützen und weiterzuentwickeln. Die Anforderungen des Anbauverbandes liegen weit oberhalb der Mindestanforderungen der EU-Öko-Verordnung.

Naturland

Der Verband Naturland ist hinsichtlich seiner Themen breit aufgestellt und engagiert sich neben der Lebensmittelherstellung auch in der Textilherstellung, Waldnutzung und Kosmetik. Die Richtlinien sind dabei deutlich strenger als die Öko-EG-Verordnung und betrachten auf ganzheitliche Weise den gesamten Weg vom Erzeuger bis zum Verkauf.

Ecovin

Der Bundesverband Ökologischer Weinbau achtet bei der Vergabe seines Siegels vor allem auf natürliche Bodenfruchtbarkeit und die Vermehrung der Artenvielfalt. Dabei sind chemisch synthetische Insektizide, Herbizide und synthetische Stickstoff-Dünger ebenso tabu wie der Einsatz von genmanipulierten Pflanzen und Mikroorganismen.

Fairtrade

Das Fairtrade-Siegel ist neuerdings neben der Lebensmittelherstellung auch in der Textilproduktion zu finden. Dabei wird vor allem auf die Einhaltung sozialer Standards und die Zahlung fairer Löhne in den Produktionsstätten acht gegeben. Rückschlüsse auf Ökolandbau lässt das Siegel jedoch nicht zu, das es sich hierbei um ein reines Sozial-Zertifikat handelt.

Demeter

Das Demeter-Siegel dürfen nur jene Betriebe verwenden, die ihre Güter biologisch-dynamisch und nach anthroposophischen Prinzipien produzieren. Unter anderem wird dabei gesteigerten Wert gelegt auf die Pflege und Bewirtschaftung der Böden mit pflanzlichen Düngern und Präparaten aus Heilpflanzen, Kiesel und Kuhdung.

Global Organic Textile Standard (GOTS)

Bei der Vergabe dieses Textil-Siegels gibt es zwei Stufen. Ein normales Kleidungsstück muss aus mindestens 90 Prozent Naturfasern bestehen. Bei Sportkleidung ist dagegen 70 Prozent das Minimum. Dabei ist die Liste zugelassener Hilfsmittel und Farben knapp – einige Ausnahmen sind aber erlaubt.

BEST-Siegel

Der Standard von BEST ist der mit den derzeit höchsten Ansprüchen an die Textilindustrie. Dabei ist die gesamte Produktionskette im Fokus und wird hinsichtlich ökologischer und sozialverantwortlicher Herstellung in den Blick genommen. Die Stoffe müssen zu 100 Prozent aus Naturfasern bestehen.

IVN zertifiziertes Leder

Seit 2001 kennzeichnet dieses Siegel auch Lederwaren, die bei ihrer Herstellung ökologische Standards einhalten. Das Augenmerk liegt hier unter anderem auf der Vermeidung von Umweltbelastungen und dem Schutz der Menschen, die Lederwaren produzieren und konsumieren.

Siegel zur Kennzeichnung nachhaltig produzierter Papierarten

Wer Papierprodukte kauft sollte auch darauf achten, dass diese aus recyceltem Papier stammen, also hergestellt aus Altpapier. Verschiedene Siegel können dem Verbraucher dabei helfen, doch einige können auch in die Irre führen: Viele Zertifikate sind aufgrund schwacher Kriterien nicht unbedingt aussagekräftig. Aus diesem Grund folgt hier nun eine Übersicht der wichtigsten Kennzeichnungen.

Blauer Engel

Der Blaue Engel wird vom Bundesumweltministerium vergeben und ist das bekannteste Siegel für Recylcling-Papier, Maßstab sind die Empfehlungen des Deutschen Instituts für Gütesicherung und Kennzeichnung (RAL). Produkte, die sich mit diesem Siegel schmücken dürfen, müssen zu 100 % aus Altpapier bestehen, 65 % davon muss Altpapier niedriger Qualität sein, so wird mehrfaches Recycling gewährleistet. Der Unterschied zu anderen Siegeln besteht vor allem in der strengeren Regulierung von chemischen Zusätzen. Papier, das mit dem Blauen Engel gekennzeichnet ist, ist sehr empfehlenswert.

FSC-Siegel

Eine Vielzahl von Siegeln wird durch den Forest Stewardship Council vergeben, zur Förderung der nachhaltigen Waldbewirtschaftung. Auch bei diesen Siegeln ist die Verwendung von Altpapier nicht vorgegeben. Es werden drei Label vergeben: FSC 100 %, für Papiere die gänzlich aus nachhaltiger Waldwirtschaft stammen, FSC-Mix für Papier aus 50 % nachhaltiger Waldwirtschaft stammend, und FSC-Recycled für Papier aus ausschließlich recycelten Holzfasern. Die FSC-Label sollen vor allem Waldschutz belohnen, Gesundheitsschutz sowie der Herstellungsprozess werden nicht bewertet.

Europäisches Umweltzeichen („Die Europäische Blume“)

Dieses Siegel wird von der EU-Kommission verliehen, die ausgezeichneten Güter zeichnen sich durch ihre Umweltverträglichkeit und geringe Gesundheitsbelastung aus. Kriterien sind Energieverbrauch, Treibhausgas-Emissionen, Abfallbehandlung und giftigen Chemikalien.

Die Verwendung von Altpapier schreibt die Kommission allerdings nicht vor, auch Hersteller von Frischfaserpapier können das Siegel erhalten.

PEFC-Siegel

Das Siegel des Programme for the Endorsement of Forest Certification Schemes, eingeführt von europäischen Waldbesitzern , steht ebenfalls nicht für die Verwendung von Altpapier. Es kennzeichnet Holz das aus PEFC-zertifizierten Wäldern stammt, die Kriterien hierfür sind allerdings äußerst schwach.

Von Robin Schmitgen und Simon Neumann

Nachhaltig Einkaufen im Supermarkt

Frische, saisonale Lebensmittel direkt vom Erzeuger oder aus dem kleinen Bioladen um die Ecke und importierte Produkte wie Kaffee, Kakao und Tee aus fairer Produktion oder direkt aus dem Weltladen gelten als das Optimum des nachhaltigen und verantwortungsvollen Einkaufens. Nicht jeder hat in unserer schnelllebigen Zeit mit langen Arbeitszeiten und niedrigen Löhnen die Zeit oder das Geld, unter idealen Bedingungen einzukaufen, und so führt der tägliche Gang immer wieder zum Supermarkt mit seinem großen, überregionalen Angebot. Die „Alles zu jeder Zeit"-Mentalität ist gefährlich – für uns selbst, unsere Gesellschaft, unsere Umwelt und unsere Zukunft. Mit ein paar kleinen Veränderungen kann aber auch der konventionelle Einkauf klimafreundlicher gestaltet werden.

Supermärkte in Deutschland bieten eine immer breitere Palette an biologisch produzierten und fair gehandelten Lebensmitteln und Konsumgütern an. Fast alle Lebensmittel können saisonal und regional gekauft werden. Die großen Supermärkte wie REWE, Edeka und Tegut, aber auch Discounter wie Aldi, Lidl und Penny haben zudem ein großes Angebot an Bioprodukten – Milch und Käse, Obst und Gemüse, Brot, Müsli und andere Getreideprodukte, Fleisch und Wurst – wer mit offenen Augen durch den Supermarkt geht, findet für fast jedes Lebensmittel eine Bioalternative. Die Bioprodukte stehen meist in denselben Regalen, wie konventionelle Lebensmittel. Faire Lebensmittel sind dagegen oft noch in einem eigenen Fair-Regal zu finden. Neben fair gehandeltem Kaffee und Tee sowie Kakao und

Schokolade können hier auch andere importierte Produkte wie Gewürze, Hülsenfrüchte oder Erdnussbutter und auch exotische Köstlichkeiten wie spezielle Gewürzpasten oder leckere Soßen entdeckt werden.

Wer einen Schritt weiter gehen möchte, kauft frische Produkte von regionalen Erzeugern auf dem Markt und nur die haltbaren Produkte im Supermarkt. Der doppelte Einkaufsweg wird mit Genuss belohnt, da die frischen und regionalen Produkte um ein vielfaches besser schmecken als Obst und Gemüse aus dem Supermarkt. Eine gute Alternative zu den großen Supermärkten sind außerdem Biosupermärkte und Nachbarschaftsmärkte.

Wer nachhaltig Einkaufen möchte, sollte sich auch über die Arbeitsbedingungen im eigenen Supermarkt informieren. Konventionelle Supermärkte und Discounter, aber auch Biosupermärkte sind in den letzten Jahren auf Grund schlechter Arbeitsbedingungen immer wieder in Kritik geraten. Aktuelle Informationen finden Verbraucher in der Tagespresse, aber auch eine Anfrage beim Supermarktbetreiber selbst kann sich lohnen: Der öffentliche Druck führt immer wieder dazu, dass Unternehmen soziale Missstände beseitigen und für bessere Arbeitsbedingungen sorgen – sei es in Deutschland oder im Herstellungsland.

Auch im sogenannten Non-Food-Bereich – also allem, was nicht essbar ist – kann man mit ein paar kleinen Veränderungen nachhaltig einkaufen: Blumen aus fairem Handel, Toilettenpapier und Taschentücher aus recycelten Materialien, wiederverwendbare Produkte, wo immer es möglich ist: Putztücher statt Küchenpapier, wiederaufladbare Akkus statt Batterien – die Liste kann beliebig erweitert werden.

Was häufig vergessen wird, sind Verpackungsmaterialien: Frisches Obst und Gemüse sollten möglichst unverpackt eingekauft werden. Papier- und Glasverpackungen lassen sich besser recyceln als Plastik, für den Transport empfehlen sich Stoffbeutel. Auf Plastik sollte, wann immer es möglich ist, verzichtet werden. In konventionellen Supermärkten ist das aber fast unmöglich. Eine tolle Alternative entsteht seit einiger Zeit mit den sogenannten Unverpackt-Supermärkten: Hier kann der Kunde eigene Behälter mitbringen und sich die Lebensmittel ohne zusätzliche Verpackung und in der gewünschten Menge selbst abfüllen.

Von Sarah Schmidt

Urban gardening

Urban Gardening (urbanes Gärtnern) bedeutet nichts anderes als das Gärtnern auf kleinen Flächen innerhalb von Städten. In Kisten oder an Zäunen, in Hinterhöfen oder auf Grünstreifen schießen Gemüse und Blumen in die Höhe. Meist ist das Ziel dabei, regional und ökologisch Gemüse zu produzieren und bewusst zu konsumieren. Wer einmal darauf gewartet hat, dass die eigenen Tomaten reifen, der begegnet dem Gemüse mit einer ganz neuen Wertschätzung. Da die Pflanzen an Ort und Stelle wachsen, spart Urban Gardening Transportwege und damit CO2 und macht ein Stück weit unabhängig von externer Versorgung. Dieser Aspekt wird meist erst in Ausnahmesituationen spürbar, z.B. wenn wie in London 2000 die Lastwagenfahrer streiken und die Supermärkte nicht beliefert werden können. Werden seltene Sorten angebaut, die sich für die Massenproduktion nicht lohnen, trägt Stadtgärtnern auch zur Biodiversität bei. Initiativen wie „Mundraub.org" versuchen beispielsweise, alte Apfelbäume im Stadtgebiet zu pflegen, die die verschiedensten heimischen Sorten tragen. Auf einer virtuellen Karte können die Bäume dann von jedermann eingetragen werden, damit möglichst viele Menschen an der Ernte teilhaben können. Urban Gardening ist hierbei auch oft Ausdruck des Protests gegen die Normierung und Kommerzialisierung von Saatgut. Das viele neue Grün in der Stadt wirkt sich natürlich auch günstig auf das Städtische Mikroklima aus und verschönt zudem so manche graue Ecke. Zuletzt sind die Projekte oft Gemeinschafts-Aktionen, die den sozialen Kontakt und den Zusammenhalt in den Stadtvierteln fördern.

Adressen in Frankfurt:

Frankfurter Garten (Ostend)

Im Frankfurter Garten steht das gemeinschaftliche Gärtnern im Mittelpunkt. Es werden Führungen und Workshops angeboten, die verschiedene Themen wie bspw. Nachhaltigkeit oder den Anbau von Lebensmitteln behandeln. Des Weiteren finden hier Veranstaltungen wie z. B. Wochen- und Flohmärkte, Open-Air-Kino und Yogakurse statt. In einem kleinen Café wird das selbst angebaute Gemüse für die Gäste zubereitet. Der erste Fair-Teiler in Frankfurt sowie ein offener Bücherschrank stehen im Garten. Am letzten Mittwoch im Monat treffen sich hier die Projektgruppen, um neue Ideen anzugehen.

Danziger Platz, 60314 Frankfurt
www.frankfurter-garten.de

Bahnhofsgrün (Rödelheim)

Initiator der Aktion ist der Umweltverband BUND. Es werden weder Obst noch Gemüse angebaut, es geht lediglich darum, gemeinsam die brachliegende Fläche auf dem Bahnhofsgelände in ein vielfältiges Pflanzenbiotop umzugestalten.

Rödelheimer S-Bahnhof,60489 Frankfurt
www.bund-frankfurt.de/themen_und_projekte/urbanes_gaertnern/trittsteinbiotope/roedelheimer_bahnhofsgruen/

Bockenheimer Garten

Dieses Projekt ist aus einem Forschungsprojekt über das Wohnen im Alter der Frankfurter Goethe-Universität hervorgegangen. Ziel ist es, durch gemeinsames Gärtnern den Kirchplatz in einen grünen Begegnungsraum zu verwandeln.

Kirchplatz, 60487 Frankfurt
www.bockenheimer-garten.de

Ginnheimer Kirchplatzgärtchen

Die Initiatoren verwandelten die Brachfläche am S-Bahnhof in Griesheim in einen blühenden Gemeinschaftsgarten. Hauptinitiator ist der Internationale Bund. Jeden Donnerstag um 18 Uhr treffen sich die Bahnhofsgärtner auf dem Gelände oder im nahegelegenen Haus des Internationalen Bundes.

Ginnheimer Kirchplatz, 60431 Frankfurt

Griesheimer Bahnhofsgärtchen

Die Initiatoren verwandelten die Brachfläche am S-Bahnhof in Griesheim in einen blühenden Gemeinschaftsgarten, Hauptinitiator ist der Internationale Bund. Jeden Donnerstag um 18 Uhr treffen sich die Bahnhofsgärtner auf dem Gelände oder im nahegelegenen Haus des Internationalen Bundes.

Griesheimer S-Bahnhof, 65933 Frankfurt
www.griesheimer-gaerten.jimdo.com

Wartburggemeinde (Bornheim)

Neben dem Kirchengebäude der Wartburgemeinde kümmern sich Pfarrer Thomas Diemer und seine Gartenpaten um einen Nutzgarten sowie den sechs Bienenstöcken im Kirchturm.

Wartburggemeinde, Hartmann-Ibach-Str. 108, 60389 Frankfurt
www.wartburggemeinde-frankfurt.de

Riederwälder Garten

Der Riederwälder Garten ist ein Urban-Gardening-Projekt vom „Frankfurter Programm – Aktive Nachbarschaft" des Diakonischen Werks für Frankfurt am Main. Am ersten Mittwoch im Monat ab 11:00 Uhr und an jedem letzten Freitag im Monat ab 17:30 Uhr treffen sich die Hobby-Gärtner vor Ort.

Johanna-Tesch-Platz, 60386 Frankfurt

Guerilla Gardening

Und was, wenn man kein Feld hat, das man bestellen kann? Wie wär's mit einem Kräuterbeet im Pflanzloch des Baums vor deiner Haustüre? Oder einem blühenden Topf an der nächsten tristen Ampel? Diese revolutionäre Unterart des Stadtgärtnerns nennt man Guerrilla gardening (Guerilla Gärtnern). Ohne Erlaubnis werden brachliegende Flächen bestellt, Dächer in Gärten verwandelt oder triste Verkehrsinseln bunt bepflanzt. Grün trotzt dem grauen Asphalt und Beton. Waffen des wuchernden Krieges sind hierbei Samenbomben (Lehmkugeln mit Samen, die an unzugängliche Flächen geworfen werden können), Moosgraffiti (Eine Lösung aus Moos und Buttermilch, die an Wänden angebracht wird und zu wachsen anfängt) oder Alltagsgegenstände, die bepflanzt und an graue Ecken der Stadt angebracht werden (leere Dosen/ausrangierte Teekannen/alte Kaugummiautomaten). Es haben sich daraus richtige Kunstformen entwickelt. Die Londoner Künstlerin Anna Garforth hinterlässt beispielsweise große Schriftzüge an Zäunen, die aus nichts weiterem als aus Herbstlaub und Dornen bestehen. Sie möchte damit auf ästhetische Weise Themen wie Ressourcenverschwendung ins Bewusstsein der Betrachter rücken. Und wer weiß, vielleicht zieren bald auch in Frankfurt fantasievolle Totems aus bemalten Milchflaschen mit Farnhaaren die Kreuzungen und kündigen die grüne Revolution an...

Von Marlena Bock und Daniela Mahr

Mehr Informationen:

Links:

www.frankfurter-beete.de,
www.stadtmachtsatt.de, www.mundraub.org,
www.geschnackvoll.de/diy-moss-graffiti/

Bücher:

Richard Reynolds „Guerilla Gardening. Ein botanisches Manifest",
Christa Müller „Urban Gardening: Über die Rückkehr der Gärten in die Stadt"

Filme:

Tree Media: Urban Roots,
Ljudmila Belkin, Alexandra Vetter: Die Gärtner und ihre Gärten

Frankfurts grüne Seite

Frankfurt ist mehr als lebhafte Finanzmetropole. Das dürfte bekannt sein. Über 50 Prozent des Stadtgebietes sind ausgewiesene Grünflächen. Mehr als 40 Parks, darunter der größte Skaterpark Europas, über 90 Flüsse, Bäche, Altarme, Seen, Teiche und Tümpel dienen der Naherholung und dem klimatischen Ausgleich. Viele internationale Auszeichnungen, wie der „European City of the Trees 2014"-Award, oder der erste Rang im „Sustainable Cities Index 2015", der unter Nachhaltigkeitskriterien 50 Städte aus allen Kontinenten bewertet, sind nur zwei Beispiele von vielen.
Einen besonderen Anteil am grünen Frankfurt trägt der GrünGürtel, der rund ein Drittel der Stadtfläche annimmt. Dieses grüne, rund 70 km langes, Band rund um Frankfurts Kern. bietet Platz zur Entspannung und Erholung, aber auch Raum für sportliche Aktivitäten und gemütliches Miteinander. Darüber hinaus bieten verschiedene Lernstationen viel Wissenswertes über die Natur und Werke mit „Komischer Kunst", Skurriles von verschiedenen Künstlern mit Bezug zum GrünGürtel.
Ob Park, Wald, Wasser oder Wiesen und Felder, ob angelegt, naturbelassen oder wild -- in Frankfurts grünen Oasen gibt es viel zu entdecken. Eine kleine Anregung dazu findet sich nachfolgend.

Schwanheimer Dünen

Für eine Reise in die Dünen muss man nicht ans Meer fahren, es bedarf nur einer Fahrt nach Schwanheim, in den Frankfurter Südwesten. Dort erstreckt sich eine grandiose Landschaft mit zum Teil unwirklichen, bizarren Bäumen. Seit 1984 stehen die Binnendünen, die ein Produkt der letzten Eiszeit sind, unter Naturschutz. Früher wurde hier Sand abgebaut, heute spazieren Wanderer auf einem Naturlehrpfad durch diese Landschaft. Laut Literatur eine von nur 5 Binnendünen in Europa. Um die Dünen bietet sich ein Spaziergang durch Felder und Wiesen an, oder ein Rundweg durch die Schwanheimer „Tausenjährigen" Eichen, die bereits 1831 von Carl Morgenstern (1811-1893) in Öl verewigt wurden.
Die Dünen liegen westlich von Schwanheim zwischen der B40 und dem Main.

Palmengarten und Botanischer Garten

Der Palmengarten ist jedem ein Begriff, der sich länger in der Stadt aufhält. Immerhin einer der größten und ältesten seiner Art. Hervorgegangen aus einer Bürgerstiftung mit privaten Mitteln im Jahre 1868 gegründet, bietet er zu jeder Jahreszeit einen lohnenswerten Ausflug für Groß und Klein. Neben Pflanzen aus allen Klimazonen begeistert er mit einem vielfältigen Programm (Besonderer Tipp: Rosen- und Lichterfest im Sommer!), einem Wasser-Spielplatz für die Kleinen, Ruderbootfahrten etc. Weitgehend unbekannt ist jedoch sein kleines Geschwisterchen, das sich nur wenige Meter nördlich versteckt hält. Hervorgegangen aus dem Schulgarten der Universität ist der Botanische Garten, nach deren Umzug in den Frankfurter Norden, in städtischen Besitz übergegangen. Die Aufgabe, naturwissenschaftliche Inhalte an alle Bevölkerungsschichten zu vermitteln, soll jedoch bestehen bleiben. So können hier auch in Zukunft rund 5000 Pflanzenarten aus aller Welt besichtigt werden – und dies bei freiem Eintritt.
Sowohl der Palmengarten, als auch der Botanische Garten befinden sich im Westend und können über die Siesmayerstraße betreten werden.

Lohrberg und MainÄpplerhaus

Der Lohrberg ist der Hausberg der Frankfurter und alpines Zentrum im Winter. Von hier hat man einen exzellenten Blick auf die Skyline und das Frankfurter Umland. Jede Menge Liegewiesen und Bänke laden zum Verweilen ein. Auf dem Kamm planscht der Nachwuchs im denkmalgeschützten Schwimmbecken oder tobt sich auf dem Spielplatz aus. Das städtische Weingut am Südhang des Lohrbergs produziert jährlich rund 10.000 Flaschen. Abgefüllt in dekorativen Flaschen kann der Ertrag im Römer erworben werden. Das angrenzende MainÄpplerhaus hat sich dem Erhalt der heimischen Streuobstwiesen sowie die Pflege der Apfelkultur verschrieben. In dem dazugehörigen Beratungsgarten kann man Streuobstwiesen in ihrer Vielfalt erleben. Das ganze Jahr werden hier Beratung, Führungen und ein abwechslungsreiches Programm für die ganze Familie angeboten, inklusive Ferienspiele für die Kinder. Das Bistro bietet hessische Leckereien, die unter alten Baumbestand genossen werden können. Kaffee und selbstgemachter Kuchen, gehören ebenso dazu wie eigener Apfelsaft und selbstgekelterter Apfelwein (Äppelwoi, Äppler, Stöffche oder Eppelwei genannt). Im Hofladen kan man sich mit regionalen Bioprodukten für Zuhause eindecken.

Das MainÄpplerhaus gehört zu den 9 Lernstationen im Grüngürtel.

Nördlich der Wilhelmshöher Straße in Seckbach, umrahmt vom Berger Weg und Klingenweg warten der Lohrpark und das MainÄpplerhaus auf Besucher.

Goetheturm

Am Rande des Stadtwaldes, auf dem Sachsenhäuser Berg gelegen, steht einer der ältesten und höchsten Holztürme Deutschlands. Nicht nur die 196 Stufen bis zur Spitze sind atemberaubend, sondern auch die sich bietende Aussicht. Oben angekommen belohnt ein grandioser Blick auf Frankfurt und den Stadtwald für die Mühe. Bei gutem Wetter sieht man sogar bis in den Taunus. Am Fuße des Turms befinden sich ein lauschiges Café und ein Spielplatz mit Labyrinth, Wasserbecken, Rutschen etc. Der Goetheturm ist hervorragend geeignet als Ausflug für Familien mit kleinen Kindern, oder auch als Start- oder Endpunkt einer Wanderung durch den Stadtwald.

Oben auf dem Sachsenhäuser Berg befindet sich, am Ende des Wendelswegs, der Zugang zum Goetheturm.

Grüneburgpark mit Koreanischem Garten

Der Grüneburgpark erstreckt sich im mondänen Frankfurter Westend, zwischen Universität und Palmengarten. Im Sommer kann man unter freiem Himmel regelmäßig die „Dramatische Bühne“ mit ihren extravaganten Aufführungen bewundern. Am östlichen Rand des Parks befindet sich ein Geschenk Südkoreas für die Frankfurter Bürger. Erschaffen wurde der Park im Jahre 2005 als Teil der Gastland-Präsentation zur Frankfurter Buchmesse. Im Stile traditioneller koreanischer Gelehrtengärten, findet sich wohl kein geeigneterer Ort, als direkt neben dem Campus der Universität. Gerne nutzen Studenten und Lerngruppen den Garten als Outdoor-Studienraum, aber nicht nur Angehörige der Universität finden hier Ruhe und Entspannung. Die sehenswerten Pavillons aus koreanischem Baumaterial, bieten Schutz vor Regen und zu viel Sonne. Neben dem Koreanischen Garten bietet Frankfurts zweitgrößter Park noch verschiedene Cafés, großzügige Liegewiesen, Spielplätze und eine Russische Kirche.

Die August-Siebert-Straße, die vom Grüneburgweg abzweigt, führt zum Koreanischen Garten und zum östlichen Teil des Grüneburgparks.

Chinesischer Garten im Bethmannpark

Der Bethmannpark gehörte einst zum Sommerhaus der Bankiersfamilie Bethmann. Heute recht klein, nur wenige Fußminuten von der Innenstadt entfernt, mit bunten Blumenbeeten, Pflanzenstauden und einem Pflanzendoktor mit öffentlicher Sprechstunde. Vom Park durch eine kräftige, weiße Mauer abgetrennt findet der Besucher im chinesischen Garten Ruhe in fernöstlicher Ästhetik. Pavillons

STADTWALDHAUS

FECHENHEIM

NIDDAPARK / VOLKSPARK NIDDATAL / BUGA GELÄNDE

GOETHETURM

CHINESISCHER GARTEN

LILU

Reflecta
Filmfestival
Das Filmfestival der etwas anderen Art steht unter dem Motto „Rethink Your World“. Parallel zu den Filmen finden diverse tolle Events wie der Handmade/2nd Hand-Markt, Workshops, Konzerte und vieles mehr statt. Kommt vorbei, wir freuen uns auf Euch!
Nächste Termine:
27.–29.11.2015
Künstlerhaus Mousonturm
Frankfurt
27.–29.05.2016
Schlachthof Wiesbaden

mit geschwungenen Pagoden, eine Marmorbrücke, ein Teich mit Seerosen, ein Wasserfall und sich im Winde wiegender Bambus wähnen den Gast fernab einer europäischen Metropole.
Von drei Seiten, dem Mauerweg, der unteren Berger Straße und der Friedberger Landstraße kann der Park im Nordend bis zum Einbruch der Dunkelheit betreten werden.

Alter Flugplatz Bonames

Der ehemalige Militärflughafen ist ein gelungenes Beispiel, wie ein Areal grün umgestaltet und Naturschutz und Freizeitbedarf der Menschen vereint werden kann. Von den 21 Amphibienarten, die sich in Deutschland finden lassen, leben bereits zehn am Flugplatz. Viele Vögel brüten hier, Störche sind zu beobachten, Schmetterlinge, Käfer, Libellen und andere Tiere sind in diesem Landschaftsschutzgebiet heimisch geworden, darunter auch der seltene und in seinem Bestand gefährdete Laubfrosch. Die verbliebenen 500 Meter der Landebahn eignen sich vorzüglich zum Skaten und Radeln, aber auch zum Picknicken. Über das Jahr verteilt finden etliche Veranstaltungen wie ein Hand Made-Markt statt. Liebhaber erfreuen die Fahrzeuge des Feuerwehrmuseums und junge und alte Forscher kommen in der Naturschule Hessen und der Aeronauten-Werkstatt voll auf ihre Kosten. Im Sommer springen Kinder von der Brücke in die Nidda und Kanus ziehen entspannt vorbei.
Das Tower Cafe, so etwas wie das Zentrum des Areals, veranstaltet regelmäßig Lesungen und versorgt Besucher mit Speis und Trank.
Südlich von Bonames und östlich der Homburger Landstraße erreicht man den Flugplatz über die Straße „Am Burghof".

Mainufer und Nizza

Das Mainufer ist so etwas wie das Herz der Stadt. Hier erlebt man fabelhafte Sonnenuntergänge, blickt entweder aufs Museumsufer oder die Skyline und entspannt im Liegestuhl oder auf der Picknickdecke. Das Nizza, am nördlichen Ufer gelegen („Hippdebach"), ist ein botanischer Garten am Main. Der Fluss, aber auch die Sandsteine der Kaimauer, die nachts die aufgenommene Wärme des Tages abgeben, sorgen für ein mildes Klima, in dem sogar Bananen und andere exotische Pflanzen gedeihen. Auf der nördlichen Mainseite fahren zudem die Züge der historischen Eisenbahn-nicht wirklich grün, aber durchaus unterhaltsam. An lauschigen Sommerabenden werden die besten Plätze auf der Sachsenhäuser Seite („Drippdebach") schnell rar, wenn die Sonne über der Stadt versinkt und die Skyline in romantisches Licht taucht.
Das Nizza erstreckt sich am Untermainkai zwischen der Untermainbrücke und dem Fußgängerüberweg Hohlbeinsteg.

Fechenheimer Mainschleife

Fechenheim, ein ehemaliges Fischerdorf im Osten der Stadt, ist bei Neu-Frankfurtern eher unbekannt. Hier folgt der Main einer riesigen Schleife und stellt mit seinem Überschwemmungsgebiet die größte Auenlandschaft Frankfurts dar, inklusive seiner typischen Flora und Fauna, die nur selten in Städten zu finden ist. Ein ökologischer Ausbau dieser Landschaft ist geplant und soll ähnlich wie am Alten Flugplatz in Bonames, Raum für Natur und Mensch optimieren und einen ursprünglicheren Zustand herstellen. Die Mainschleife umschließt auf ihrem Weg auch ein Erdbeerfeld, auf dem im Sommer Erdbeeren selbst gepflückt und genascht werden können. Plätze am Wasser laden zum Verweilen ein, Gaststätten und Rudervereine bieten Bewirtung mit Blick auf dem Main. Schön zum Spazierengehen für Neugierige. Vielleicht kann der Nachwuchs mit einem anschließenden Besuch im nahegelegenen Heinrich-Kraft Park, mit seinen tollen Spiel- und Klettergeräten, zu einem Spaziergang überredet werden.
Fechenheim erreicht man über die Hanauer Landstraße, oder von Offenbach aus über die Carl-Ulrich-Brücke.

BUILD
MORE
BUY
LESS

Im Gespräch mit...

VAN BO LE-MENTZEL

Architekt

Was ist Dein Hintergrund?

„Ich bin Architekt und habe vor 5 Jahren die Hartz-4-Möbel (auch als Buch erschienen) entwickelt. Das ist ein Blog, mit dem man teure Bauhaus-Möbel mit einfachen Mitteln aus dem Baumarkt nachbauen kann. Dann habe ich die Karma-Chakhs, Fair-Trade-Schuh, erfunden. Bei vielen meiner Projekten geht es um den Prosuming-Trend. Prosuming ist die Mischung aus Producing (Produzieren) und Consuming (Konsumieren). Das ist ein Trend, der aus der Energiewirtschaft kommt und den Vorgang der eigenen Stromherstellung bezeichnet. Das Konzept übertrage ich jetzt auf andere Güter, wie z. B. Schuhe, Jacken, Möbel oder Häuser. Ich habe nämlich auch Häuser zum Selberbauen entwickelt – die sogenannten Tiny-Houses. Zudem gründe ich zurzeit Schulen und Universitäten, die das derzeitige Bildungssystem inspirieren können."

Stell uns doch kurz Deine aktuellen Projekte vor.

„Es gibt sehr viele Projekte. Das aktuellste ist „Hartz 5". Hier versuche ich, das Experiment „Hartz 4" weiterzuentwickeln. Darin stecken sehr viele Inspirationen: zum einen finden sich darin Elemente vom „D-Scholarship", ein Crowdfunding-basiertes Stipendium, das ich 2014 umgesetzt habe und zum anderen wäre da „mein Grundeinkommen", ein Crowdfunding-basiertes

Grundeinkommen und Wikipedia. Die Idee dahinter ist, dass jeder einen anderen Menschen fördern kann. Die Umsetzung sieht wie folgt aus: Du suchst Dir gemeinsam mit vier anderen eine Person aus, die Du gerne fördern möchtest. Anschließend überweist man jeden Monat einen Betrag zwischen 1 und 5 €. Auf einer Website, die den Namen der geförderten Person trägt (z. B.: www.Peter-Mueller.h5) kann man ein Video anschauen, weitere Infos bekommen und den Dauerauftrag starten, der mindestens ein Jahr läuft. Das heißt, für Künstler, Journalisten und Menschen, die gute Netzwerke haben, ist das hochinteressant. Wenn Du mehrere Leute hast, die 3 € im Monat spenden, hast Du schnell einiges zusammen. Und bei einer Spende von 3-5 € im Monat ist die Hemmschwelle nicht so groß. Stell Dir vor, Du triffst einen Taxifahrer, der Dir extrem sympathisch ist. Du kennst seinen Namen, weil dieser vorne im Taxi steht. Dann schaust Du, ob er eine Hartz-5-Seite hat und stellst einen Dauerauftrag von einem Euro ein-das sind 12 € im Jahr. Ein Taxifahrer trifft vielleicht ziemlich viele Menschen pro Tag. Dank diesem Projekt könnte er ein kleines Zusatzgeld verdienen.

Ich denke, dass Hartz 5 die Art und Weise, wie wir mit unseren Mitmenschen umgehen, verändern kann. Im Moment sind wir oft nett zu Menschen, die uns Geld geben, sprich unsere Arbeitgeber oder Kunden. Mit Hartz 5 aber, könnte ich mir vorstellen, wären wir auf einmal auch nett zu Menschen, denen wir im Alltagsstress kaum Beachtung schenken."

Wie fing alles an und was waren die Startschwierigkeiten?

„Meine Eltern sind von Laos nach Europa geflohen und haben in Thailand ein, zwei Jahre Zwischenstopp gemacht, weil nicht klar war, wohin sie gehen sollten. Während dieser Zeit kam ich in einem Lager zu Welt. Das heißt, dieses rastlose, dieses ständige nicht wissen, was kommt, das darunter leiden, dass es anderen besser geht als uns, beschäftigt mich somit schon mein ganzes Leben. Die Frage nach dem „Warum bin ich am Ende der Kette" war permanent da.

Jetzt bin ich plötzlich nicht mehr am Ende der Kette. Ich bin jetzt Gastprofessor und könnte mich zurücklehnen und sagen: super, das war der „deutsche Traum" - ich hab's geschafft und ihr habt alle Pech. Aber so einfach ist das nicht."

Erzählst Du uns etwas zu Deiner Grundmotivation?

„Ja, natürlich. Was mich bei allem antreibt, ist die Sehnsucht nach Gerechtigkeit. Ich habe das Gefühl, dass der Wohlstand, der in Deutschland und gerade in Frankfurt herrscht, absolut surreal ist.
Wenn alle Menschen so leben würden, wie viele Menschen in Wiesbaden, Mainz oder Frankfurt... das wäre einfach gar nicht möglich.
Diejenigen, die am längeren Hebel sitzen, nämlich die reichen Industrienationen, wir nehmen uns natürlich einfach das Recht, unsere Wohnung so groß wie möglich zu machen, so viel Wasser zu verbrauchen, wie wir wollen etc. Wir lassen, die Güter, die wir gerne und viel benutzen herstellen und uns ist es eigentlich ziemlich egal, wie, von wem und unter welchen Bedingungen zum Beispiel Kaffee hergestellt wird. Unser Wohlstand ist extrem ausbeuterisch und das haben viele noch nicht verstanden. Viele halten an dem Wohlstand fest und sagen, wir müssten ihn sichern. Ich bin aber der Meinung, wir müssten ihn endlich abbauen.
Ich komme ja selbst aus einem Land, aus dem die Leute alle weg wollen – aus Laos. Ich bekomme das jeden Tag mit, dass Menschen sterben, weil sie hier her wollen und das ist schlichtweg ungerecht. Was daraus bei mir entsteht, ist eine innere Wut, die mich zu meinen Projekten antreibt."

Es geht nicht um Schuhe, Häuser oder Möbel...

„Wenn Du über Gerechtigkeit, Demokratie oder Nachhaltigkeit sprichst, dann sind das alles sehr abstrakte Begriffe, die letztlich keiner versteht. Und wenn Du Jahresberichte oder Studien liest, dann wird das auch nicht Dein Verhalten verändern. Man braucht immer eine Art Köder, eine Art trojanisches Pferd. Meine trojanischen Pferde, die die Botschaft vermitteln, sehen eben aus wie schicke Möbel, coole Schuhe oder tolle Häuser. Aber es geht bei meinen Projekten natürlich nie um die Schuhe, Häuser oder Möbel. Es geht nicht um materielle Dinge, sondern um die Selbstständigkeit und Menschen zu ermutigen, selbst nachzudenken. Ist das wirklich so, dass wir so wohnen müssen, wie wir wohnen? Müssen wir alle den Bildungsweg einschlagen, von dem uns alle erzählen? Müssen wir wirklich 40 Stunden die Woche arbeiten? Müssen wir unsere Kinder abgeben?
Ich habe einfach das Gefühl, wir Menschen haben ein Problem damit, wir selbst zu sein. Wir flüchten vor uns selbst und das ist ein ziemlich großer Fehler. Wir brauchen unbedingt wieder den Zugang zu uns selbst. Das ist eine schmerzhafte, aber sehr schöne Erfahrung – eine, die man mit keinem Geld der Welt bezahlen kann.

Was würdest Du anderen Menschen empfehlen, die aktiv werden wollen?

„Ich würde ihnen empfehlen, nicht zu viel nachzudenken, sondern einfach zu handeln. Und es gibt einige, die schon so ticken wie ich und Spark-ups gründen. Es geht um das Experimentieren!
Als ich mit den Karma Chakhs anfing, hatte ich keine Ahnung von der gesamten Materie. Aber mit Hilfe der Crowd, haben wir gemeinsam eine Lösung gefunden.
Mein Motto lautet: do it together – nicht do it yourself."

Was bedeutet Nachhaltigkeit für Dich?

„Das Wort Nachhaltigkeit wirst Du in keinem meiner Projekte finden. Das Wort sagt überhaupt nichts mehr aus. Ich benutze lieber das Wort „Enkeltauglichkeit". Somit überlege ich mir im Vorfeld, ob mein Handeln für meine Enkel noch eine Bedeutung haben wird. Wenn dies nicht der Fall ist, lasse ich die Finger davon."

Mehr Infos:
www.hartzivmoebel.blogspot.de
www.dclass.de
www.facebook.com/buildmorebuyless
www.hartz-5.org

WWW.HONGANDFRIENDS.COM

DESIGN & TEXTILDRUCK

Als Wayang wird in Indonesien das traditionelle Schattenspiel bezeichnet. Das Wort Wayang stammt aus dem indonesischen und bedeutet, Geist, Schatten aber auch Ahne. Das Wayangspiel ist als eine Art Spiegelbild der Gesellschaft und des Lebens zu sehen. Abläufe und Entwicklungen innerhalb der Gesellschaft können durch die Zuschauer einer Wayangführung verarbeitet, bewertet und reflektiert werden.

Unterwegs mal schnell was messen und wieder kein Lineal dabei? Mit hongs cm-Shirts kein Problem! Die in sympathischen Motiven eingefügte Skala erlaubt präzise Längenbestimmungen bis 13 cm. Ideal auch für Kinder, die so spielend den Umgang mit Zahlen und Maßen üben können.

Helfe dem kleinen Hund seinen Ball zu finden. Man ist unterwegs und möchte Labyrinth spielen. Mit hongs Labyrinth T-Shirts kein Problem mehr!

Dank der 3 dimensionalen Struktur des Flockdrucks auch mit geschlossenen Augen fühl/spielbar.

Lege dir aus den vorgegebenen Tangram-Steinen dein individuelles Motiv mit beliebiger Farbgestaltung zusammen.
Wir bedrucken das T-Shirt dann nach deiner Vorlage!

"Hallo ich bin tuzi! Ich komme aus den fernen Osten. Meine Hobbies sind Roller fahren, Trampolin springen und schwimmen. Am liebsten esse ich Spaghetti. Wenn du noch mehr über mich wissen möchtest, dann frag mich doch am Besten selbst."

Die Glühlampe oder Glühfadenlampe (früher Glühlicht) ist eine künstliche Lichtquelle. Umgangssprachlich werden Glühlampen wegen der Form als Glühbirnen bezeichnet. In der Glühlampe wird ein elektrischer Leiter durch elektrischen Strom aufgeheizt und dadurch zum Leuchten angeregt.

Der in Wirklichkeit mehrere Tonnen schwere TITAN wurde durch Siebdrucktechnik so komprimiert, daß er auf ein T-Shirt passt ohne den Tragekomfort zu beeinträchtigen.

Buddha bedeutet"der Erwachte#, jemand, der aus dem Schlaf der Unwissenheit erwacht ist und die Dinge so sieht, wie sie wirklich sind.

FAIR WEAR FOUNDATION

GLOBAL ORGANIC TEXTILE STANDARD · GOTS ·

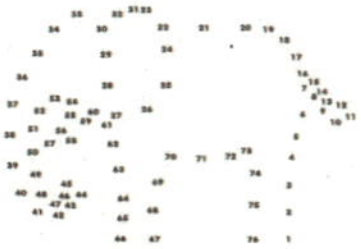

Welches Kind liebt nicht "Malen nach Zahlen"? Die Vorlage des auszumalenden Bildes ist direkt auf das T-Shirt gedruckt, also ran an die Textilstifte! Wäscht man das T-Shirt bleibt nur das farbig gemalte Bild erhalten, die vorgedruckten Umrisse und Zahlen verschwinden und das eigentliche Motiv kommt zum Vorschein. Pädagogisch wertvoll und ein riesen Spaß für die Kleinen!

Früher Vogel fängt den Wurm, aber erst die zweite Maus bekommt den Käse.

HONG AND FRIENDS

Abenteuerspielplatz Riederwald

Mitten im Wald gelegen befindet sich seit über 40 Jahren ein Paradies für aktive Kinder jenseits moderner Unterhaltungselektronik. Hier wird gesägt, gebohrt, gehämmert, im Matsch geplanscht und Holzhäuser und Spielgeräte wachsen von Kinderhand in den Wald. In den Ferien gibt es ein Programm für Kinder mit Lagerfeuer, Übernachtungen und Schwimmbadbau. Legendär sind die Tage an denen das große Luftkissen aufgeblasen wird. Nebenan befindet sich das Licht-und Luftbad Riederwald mit großer Liegewiese, Wasserspielen, Spielplatz und Volleyballfeldern.

Hat man einmal den Wald, bevorzugt über den Erlenbruch erreicht, orientiert man sich am besten am Hämmern und Sägen, das einem vom Spielplatz entgegenhallt. Der Stadtplan gibt zwar noch eine Kirchenallee vor, ein Straßenschild ist im Wald jedoch schwer auszumachen.

Brentanopark mit Petrihaus

Der im englischen Landschaftsgartenstil errichtete Park von 1848 steht wegen seiner schönen, alten Bäume unter Denkmalschutz. Hier bietet die Nidda mit ihren Nebenarmen und Zuflüssen romantische Plätze unter Bäumen, die ihre Äste malerisch ins Wasser recken. Früher stand hier ein Schloss, dessen Umrisse sich im Boden finden lassen. Lohnenswert ist der Besuch auch wegen Europas ältesten Ginkobaum, der mit seinen geschätzten 260 Jahren vermutlich Goethe noch persönlich erlebte. Frankfurts berühmter Sohn war bekennender Freund des Ginkos und hat bei seinen Besuchen im Park Spuren hinterlassen. Neben dem Ginkobaum liegt das Petrihaus, ein romantische Schweizerhaus aus dem 18. Jahrhundert. Von den ehemaligen Park-Besitzern, der Familie Brentano erbaut, ist es noch heute eine kulturelle Begegnungsstätte mit Lesesaal und kleinen Museum. Aufdringlich wie niedlich sind die in der Nidda lebenden Nutrias, die früher für die Pelzindustrie gezüchtet wurden. An verschiedenen Stellen am Ufer fressen diese Nagetiere, einem förmlich aus der Hand.

Rund um die Uhr kann man den Park, zwischen Rödelheimer Parkweg und der Nidda gelegen, besuchen. Beim Petrihaus am Rödelheimer Wehr ist man an die Öffnungszeiten gebunden.

Wasserpark Bornheim

Selbst Einheimische nehmen diesen kleinen, aber idyllischen Park kaum wahr. Von außen eher schlicht gehalten, warten im Inneren prächtige architektonische Bauten des 19. Jahrhunderts. Hier entdeckt man Pumpenhäuser, Hochbehälter sowie ein Obelisk, alles im Stil der Neorenaissance und aus dem für die Region typischen roten Mainsandstein erbaut. Diese Gebäude dienen als Einstieg in die nasse Unterwelt, können aber leider nicht besichtigt werden. Angelegt wurde der Park um die Wasserversorgung der wachsenden Stadtbevölkerung zu gewährleisten. Um das Jahr 1880 wurde zudem der, noch heute aktive, Bienengarten eingerichtet. Freizeit-Imker und ihre Bienen bieten viel Wissenswertes rund um das Bienenhalten. Samstags wird der, von fleißigen Bienen in den umliegenden Stadtteilen gesammelte, Honig zum Kauf angeboten.

In der Nähe zum Bornheimer Friedhof, liegt der Wasserpark zwischen der Dortelweiler Straße und Friedberger Landstraße.

Jacobiweiher

Der Volksmund spricht vom „Vierwaldstätter See", weil es hier ebenso schön sein soll wie um das schweizer Original - wenn nur der Fluglärm gelegentlich nicht so aufdringlich wäre. Benannt nach einem ehemaligen Förster ist der größte Frankfurter See, mit seinen Inseln und zerklüfteten Armen bei Spaziergängern und Gassigängern beliebt. Eingebettet in ein geschütztes Fauna-Flora-Habitat stehen um den See die höchsten Buchen in Hessen. Bei der Umrundung lassen sich 2 Objekte der Komischen Kunst im Grüngürtel finden, der Pinkelbaum und die Eule im Norwegerpulli des Frankfurter Künstlers F.K. Wächter. In der Nähe gelegen befinden sich die sagenumwobene Königsquelle und das Stadtwaldhaus.

PALMENGARTEN

BOTANISCHER GARTEN

SCHWANHEIMER DÜNEN

ABENTEUERSPIELPLATZ RIEDERWALD

KOREANISCHER GARTEN

ALTER FLUGPLATZ BONAMES

Ganz im Süden der Stadt, westlich der Darmstädter Landstraße gelegen, erreicht man diese »Seenlandschaft« am besten über die Oberschweinstiegschneise.

Stadtwaldhaus und alte Fasanerie

Frankfurt besitzt nicht nur den größten innerstädtischen Forst Deutschlands (selbstverständlich mit dem FSC-Siegel ausgezeichnet), sondern mit dem Stadtwaldhaus auch einen Ort sich über diesen zu informieren und zu erleben. Das forstlich-ökologische Informationszentrum bietet Wissenswertes über den Wald und seine Bewohner, Klima und Natur und die verschiedenen Kreisläufe. Was ist ein Baum? Wie sehen Zellen von Tieren und Pflanzen unter dem Mikroskop aus? Was sieht man nachts im Wald? All diesen Fragen und vielen mehr kann man in der Dauerausstellung auf den Grund gehen. Ergänzt wird das Programm durch Sonderausstellungen, Vorträgen und Exkursionen rund um das Thema Wald. Das Außengelände mit seinen Wildgehegen und Volieren wird durch verschiedene Erlebnispfade komplettiert. Im Waldladen vor Ort werden Wildprodukte aus dem Stadtwald angeboten. Natürlicher können Tiere nicht aufwachsen. Ohne Massentierhaltung und verfütterten Hormonen. Für ein freiwilliges Ökologisches Jahr, bietet das Stadtwaldhaus interessante Möglichkeiten. Alle anderen, mit weniger Zeit, verbringen hier zumindest einen erlebnisreichen Nachmittag, zwischen der Isenburger Schneise und Neu Isenburg im südlichsten Zipfel von Sachsenhausen.

LILU

Sozial, grün und überraschend gut. Das Licht- und Luftbad, auf einer Maininsel in Niederrad beheimatet, ist ein Ort der Ruhe und Entspannung. Hier kann man alleine oder gesellig sein, picknicken oder Federball spielen, sein Essen auf ausgeliehenen Grills (inklusive Kohle) selbst zubereiten oder im schwimmfähigen Ponton Café fertig zubereitet erstehen. Der Fokus liegt auf regionalen Produkten aus überwiegend biologischem Anbau. Betrieben wird das Gelände vom Frankfurter Verein für soziale Heimstätten. Menschen aus weniger glücklichen Verhältnissen finden durch diese Integrationseinrichtung Arbeit, Struktur und eine Perspektive. Der Kommerz steht hier nicht im Vordergrund.
Eine Imkerei, die regelmäßig von Schulklassen besucht wird, befindet sich gegenüber auf der Niederräder Uferseite. Etwas flussaufwärts vermittelt die Aquanauten-Werkstatt Zusammenhänge und Phänomene rund um das Thema Wasser.
Vom Niederräder Ufer aus führt eine Fußgängerbrücke auf die im Main gelegene Insel.

Wörthspitze Main/Nidda

Dort, wo die Nidda in den Main mündet, formt sie mit ihm gemeinsam die langgestreckte Halbinsel Wörthspitz. Es gibt Liegewiesen, zwei Flüsse, Spielplätze und einen tollen Blick auf die Altstadt Höchst und ihre Prachtbauten - mit der Justinuskirche immerhin eine der 5 ältesten Kirchen Deutschlands. Die Mainfähre setzt Fußgänger und Radfahrer nach Schwanheim über und ermöglicht so einen Spaziergang durch die Dünen.
Am Flussufer in Höchst, südlich des Bolongaro Palasts gelegen führt auch hier nur eine Fußgängerbrücke von der Seilerbahn genannten Straße hinüber auf die Wörthspitz.

Karmeliterkloster - grün fürs Auge

Ein herrlicher Ort der Ruhe mitten in der Stadt gelegen und doch weitgehend unbekannt. Dem Besucher bietet sich zwar kein Grün zum Anfassen, aber entspannende Aussichten auf den grünen Klosterhof inmitten der turbulenten Innenstadt. Umrahmt von einem der größten Kunstschätze der Stadt kann man im Säulengang aus dem 13. Jahrhundert himmlische Ruhe finden. Die vorbarocken Wandmalereien von Jörg Ratgeb (um 1480-1526) zählen zu den bedeutesten und größten Fresken nördlich der Alpen. Tafeln mit Erklärungen zu den Gemälden, die ansteckende Ruhe und die beeindruckende Architektur lassen die Schritte der Besucher unbewusst langsamer werden. Regelmäßig gibt es hier Konzerte, wechselnde Ausstellungen und andere Veranstaltungen. Das Stadtarchiv

befindet sich ebenso im Haus wie das Museum für Früh- und Spätgeschichte und im Keller das Kabarett die Schmiere, nach eigenem Bekunden „das schlechteste Theater der Welt".
Ein wenig versteckt hinter der Römer befindet sich der Eingang in der Münzgasse 9.

Hauptfriedhof

Wer einmal eine der vielen interessanten Führungen auf dem pittoresken Frankfurter Hauptfriedhof mitgemacht hat, ist nicht verwundert diesen Ort als Empfehlung hier wiederzufinden. Mit über 6.000 Bäumen ist der Friedhof nicht nur ein Ort der Trauer, sondern auch ein Paradies für Tiere und Menschen, die in dieser besonderen Atmosphäre Ruhe suchen. Die circa 170 Jahre alte Hängebuche, die am alten Portal die Besucher mit melancholischer Stimmung empfängt, steht unter Naturschutz. Die ehrwürdigen und zum Teil, denkmalgeschützten Grabstellen und Gruften sind letzte Ruhestelle vieler Persönlichkeiten. Hier ruhen Arthur Schoppenhauer, Heinrich Hoffmann, der Schöpfer des Struwwelpeters, der Nervenarzt Dr. Alzheimer und viele bekannte Frankfurter Familien, die einen Einblick in die Geschichte der Stadt bieten.
Das Haupt- und das alte Portal befinden sich beide an der Eckenheimer Landstraße, nördlich der Nibelungen Allee. Der Eingang durch zum ältesten Teil des Friedhofs liegt schräg gegenüber der Deutschen Bibliothek.

Spaziergänge

In Frankfurt ist ein schöner Spaziergang im Grünen nie weit. Viele beschriebene Wanderwege finden sich in Karten und der Literatur. So der elf Kilometer lange Goethewanderweg, der von der Zeitschrift des Deutschen Volkssportvereins (DVV) als Deutschlands schönster Wanderweg in der Kategorie „Stadt und Kultur" ausgezeichnet wurde. Oder der GrünGürtel-Rundwanderweg, der mit einer Länge von 62 km vom Wandermagazin zum „besten Metropolen-Wanderweg" gekürt wurde um an dieser Stelle nur zwei Beispiele zu benennen. Es fällt leicht seine eigenen Lieblingsspaziergänge in Frankfurt zu finden, wenn man sich erst einmal auf den Weg macht Frankfurt zu Fuß zu erkunden.

Niddapark / Volkspark Niddatal / BuGA Gelände

Frankfurts größter Park ist so groß, dass er Platz für mehr als einen Namen hat. Bei den Einheimischen wohl am häufigsten nach der Bundesgartenschau bezeichnet, die hier 1989 stattfand. Neben dem Stadtwald ist dies Frankfurts größte Grünfläche mit naturnahen, weitläufigen Wiesen, durchzogen von festen Wegen, Hainen, Grill- und Spielplätzen, kleinem Skaterpark und einem Wasserspielplatz. Hier spaziert man einfach drauf los und findet eigene Lieblingsplätze, in schattigen Hainen, an der lauschigen Nidda, auf einladenden Bänken. Hier kann man sich beinahe verlaufen, findet aber immer Orientierung am nahegelegenen knapp 340 Meter hohen Fernmeldeturm.
Noch vielfältiger als seine Namen sind die Zugangsmöglichkeiten der zwischen der Nordweststadt, Praunheim, Bockenheim, Eschersheim, Ginnheim und Heddernheim gelegenen Grünanlage.

Wallanlagen

Aus ehemaligen Stadtmauern des mittelalterlichen Frankfurts entstand Anfang des 19. Jahrhunderts eine öffentliche Grünanlage, die sich vollständig um die Innenstadt legt. Hier ist man immer im Grünen, ohne das Städtische zu vergessen. Zum Entspannen in der Mittagspause, zum Joggen am Abend, zum Verweilen unter majestätischen, alten Bäumen oder zum Toben für den Nachwuchs besitzt die Wallanlage für jeden das richtige Angebot. Ein gemütlicher Rundgang durch alle 7 Abschnitte der Anlage kann gerne 2 Stunden Zeit einnehmen. Werden die Spielplätze, Teiche, Denkmäler, Skulpturen und Cafés näher in Augenschein genommen, können es leicht 1-2 Stunden mehr werden. Das Mainufer, schließt den grünen Rundgang, der überall begonnen werden kann. Selbst Einheimische entdecken dabei regelmäßig Neues. Der Erschaffer der Anlage, Jacob Guiollett, fand die Anlage so geglückt, dass er sich gleich hier begraben lies.

Auch sein Grab kann auf einem Rundweg entdeckt werden.
Bewegt man sich von der Innenstadt nach außen durchquert man zwangsläufig die Wallanlagen, die sich als grünes Band um den Stadtkern legen.

Berger Hang/ Enkheimer Ried

Mehrere offizielle Rundwege in und um Bergen findet man auf der Seite der Stadt Frankfurt, unzählige lassen sich vor Ort finden. In den Streuobstwiesen zwischen Bergen Enkheim und der Stadt Maintal wandert es sich besonders angenehm, wenn man weitläufige Natur liebt, aber Steigungen gerne meidet. Der Parkplatz am südlichen Ende des Schwimmbades eignet sich hervorragend als Start- und Endpunkt. Vorbei am Enkheimer Ried, einem Altarm des Mains, in dem die seltene europäische Sumpfschildkröte beheimatet ist, führt der Spaziergang hinein in weitläufige Streuobstwiesen. Von einer Anhöhe kurz hinter dem Parkplatz bietet sich eine tolle Aussicht auf den Riedteich, der ansonsten nur schwer einsehbar ist. Im Frühjahr sind hier interessante Brutvögel zu beobachten und die Streuobstwiesen verwöhnen den Wanderer mit geschützten Orchideenarten und allerlei botanischen Besonderheiten. 1937 begann man Teile des Rieds unter besonderen Schutz zu stellen, um diese Landschaft für Mensch und Tier zu erhalten. Am Ende des Rundwegs lockt das Riedbad mit einem erfrischenden Sprung ins Wasser oder einer wärmenden Sauna im Winter. Für Hobby-Ornithologen bietet die nahegelegene Vogelkundliche Beobachtungsstation Untermain besondere Führungen.
Das Riedbad, bei Einheimischen Enkheimer Schwimmbad genannt, und die darunter verlaufende Leuchte können als Orientierungshilfe herangezogen werden, um einen Einstieg ins Ried zu finden.

Mit dem Rad

Frankfurt entwickelt sich immer mehr zur Fahrradstadt. Nicht weil der gestiegene Autoverkehr ein Ausweichen auf Rad unausweichlich macht, sondern weil das Angebot an Radwegen permanent ausgebaut wird. Immer mehr Einbahnstraßen dürfen von Radfahrerern in beide Richtungen befahren werden, überall können Räder geliehen werden und wegen seiner überschaubaren Größe sind nahezu alle Ziele gut mit dem Rad zu erreichen. Darf es Mal etwas mehr sein, kann man die Stadt auf grünen Radwegen erkunden und viel Neues entdecken. Ein besonders schöner Rundweg soll nachfolgend beschrieben werden, den man sich ganz, oder in Abschnitten vornehmen kann.

Entlang der Flüsse (ca 65 km)

Ein guter Ausgangspunkt stellt das Ufer am Eiserner Steg auf der Sachsenhäuser Seite dar. Trifft man sich mit anderen Radfahrern erhält man mit den beiden Kähnen links und recht der Brücke die erste Gelegenheit einzukehren und auf die Ankunft des spätesten Mitradler bei Speis und Trank und schöner Aussicht zu warten. Von hier führt die Tour flussabwärts Richtung Niederrad. Der breite, gut ausgebaute Uferweg, mit toller Sicht auf die Skyline, muss kurz nach der Friedensbrücke verlassen werden, um nach 1-2 Minuten wieder direkt am Wasser zu landen. Dazu fährt man sich bei nächster Gelegenheit rechts, Richtung Mainufer. Ganz entspannt wird so nach knapp 15 Minuten das Licht und Luftbad Niederrad (s.o.) erreicht. Hier bietet sich der nächste Stopp an, um gut erholt die Fahrt Richtung Schwanheim fortzusetzen. Die nächste Etappe führt zum größten Teil direkt entlang des Mains. Stehen die Pferde neben einem auf der Koppel, und ist als einziges Gebäude weit und breit ist ein landwirtschaftlicher Hof sichtbar, dann ist man in Schwanheim. Weiter entlang des Mains erreicht man nach wenigen Minuten die Fußgängerfähre nach Höchst. Vielleicht reizt auch vorher noch ein kurzer Exkurs in die Schwanheimer Dünen (s.o.)? Auf die andere Mainseite übergesetzt bietet sich linkerhand ein kurzer Abstecher in die pittoreske Altstadt an. Rund um das Schloss finden sich verschiedene Möglichkeiten eine Rast einzulegen und sich in vergangene Zeiten zurückversetzt zu fühlen. Der Rundweg führt von der Fähre aus rechterhand weiter. Nach Passieren des

LILU

ANLAGENRING

WÖRTHSPITZE

HAUPTFRIEDHOF GRUFTEINGANG

JACOBIWEIHER

Bolongaropalastes führt eine kleine Brücke auf der rechten Seite zur Wörtspitz (s.o.) und nach dieser die Tour links der Nidda entlang weiter. An vielen Stellen wurde die Nidda bereits denaturiert, was sich positiv bemerkbar macht. Nicht nur für Fauna und Flora, viele Fischarten und auch Biber leben heute wieder in der Nidda, auch die Menschen genießen das Verweilen an diesen Stellen. Nach gut 2 km flussaufwärts, zwischenzeitlich wurde die zweitälteste Eisenbahnbrücke in Deutschland unterquert, taucht auf der rechten Seite Frankfurts Poloclub mit Pferdeställen und einem Beachclub auf. Eine Pause bietet sich hier, oder ein paar Meter weiter im Anglerheim Nied an. Auch wenn es der Name vermuten lässt, gibt es keinen Fisch auf der Karte, aber Balkanküche zu fairen Preisen. Von den begehrten Plätzen auf der Terrasse, lassen sich Nutrias, Enten und andere Wassertiere beobachten und abendlichen Froschkonzerten lauschen. Entlang der Nidda weiter, geben die Felder und Wiesen auf der linken Seite den Blick in den Taunus frei. Der malerische Park in Rödelheim, der nach seinen alten Besitzern den Brentanos benannt ist, markiert den nächsten interessanten Ort auf der Tour (s.o.). Das angrenzende Brentanobad ist Frankfurts größtes Freibad und bietet in den Sommermonaten angenehme Abkühlung. Das Freibad Hausen, gelegen nur ein kleines Stückchen weiter, öffnet stets im April, als erstes Frankfurter Freibad, seine Pforten. Entlang der Nidda, bieten ein Minigolfplatz sowie mehrere Lokale mehrere Möglichkeiten einzukehren. Übersehen Sie dabei nicht die Gastronomie in den Kleingartenanlagen. Am Bugagelände vorbei (s.o.) wird es nach dem Stadtteil Eschersheim, und der Möglichkeit ein weiteres Freibad zu besuchen, etwas weitläufiger entlang des Flusslaufes, mit herrlichen Ausblicken ins Umland. Bevor die Nidda in Bad Vilbel Frankfurt verlässt bietet sich der Alte Flugplatz Bonames (s.o.) für einen Besuch an. In diesem Abschnitt zeigen sich in Ufernähe die typischen Biberspuren an den Bäumen. Für eine Rückkehr zum Ausgangspunkt der Radtour wartet die „Bergetappe" über Berkersheim, mit seinen Feldern und dörflichen Charakter, und den Lohrberg (s.o.). Dieser Abschnitt sollte nicht unterschätzt werden, es sind einige Höhenmeter zu überwinden. In Berkersheim lockt die traditionelle Gartenwirtschaft „zum Lemp", mit selbst gekeltertem Apfelwein, einen Zwischenstopp einzulegen. Über den Lohrberg führen viele Wege wieder Richtung Innenstadt. Durchtrainierte Radler nehmen den Weg über den Stadtteil Bergen Richtung Fechenheim, um die Strecke entlang des Wassers komplett zu machen. Der zusätzliche Einsatz wird durch eine Fahrt entlang des Fechenheimer Mainbogen (s.o.), und der historischen Gerbermühle, über die schon Goethe berichtete, belohnt.

Für weniger trainierte Radfahrer bietet sich auf dem ganzen Weg stets die Möglichkeit, mit öffentlichen Verkehrsmitteln zum Ausgangspunkt zurückzukehren, um die Radtour nicht zur Tortur werden zu lassen.

Überall an Main oder Nidda kann man die Radtour beginnen und enden lassen, flussauf- und flussabwärts radeln und regelmäßig sich die Uferseite aussuchen. Wird ein zentraler Treffpunkt benötigt, bietet sich der bereits erwähnte Eiserne Steg, auf Sachsenhäuser Seite, an.

Von Ralf Thee

Danke!

Ohne Unterstützung wäre dieses Buch natürlich nicht möglich gewesen. Deshalb bedanken wir uns bei allen Interviewpartnern und bei unseren Freunden, Partnern und Familien, die bekanntlich am meisten hinter den Kulissen machen, und Verständnis für unsere Abwesenheit aufbringen. Dann bei all jenen, die schon informative Vorarbeit geleistet haben und uns auf unserem Weg unterstützen. Und dann natürlich bei Dir! **Danke!**

Freunde:

bämboo

Shout out loud – Changing the world step by step

zauberware technologies

immerwieder

Medienpartner::

der Freitag – Das Meinungsmedium

enorm – Wirtschaft. Gemeinsam. Denken.

taz. zeozwei

journal Frankfurt

Frankfurter Rundschau

ecowoman

taz. die tageszeitung

Glossar

Qverfield
DESIGNGALERIE
FRANKFURT AM MAIN

GUTSCHEIN FÜR EINE CLICK! BOX - ZUM AUFBEWAHREN UND PRÄSENTIEREN VON FOTOS UND MEHR.

OUTDOOR GYM

KOSTENLOSE TEILNAHME AN 2 TRAININGS

GREENPEACE ENERGY
Energie-Genossenschaft aus Überzeugung.

1 SEITE UND KOSTENLOSEN GUTSCHEIN

Qverfield
DESIGNGALERIE
FRANKFURT AM MAIN

Wittelsbacherallee 119 | 60385 Frankfurt

T 069 27273700

Der Gutschein ist gültig bis zum 30.12.2016. Der Rechtsweg ist ausgeschlossen. Der Gutscheinbetrag kann nicht ausgezahlt werden. Es kann nur ein Gutschein pro Person eingelöst werden.

OUTDOOR GYM

www.outdoorgym.de/frankfurt

Der Gutschein ist gültig bis zum 30.12.2016. Der Rechtsweg ist ausgeschlossen. Der Gutscheinbetrag kann nicht ausgezahlt werden. Es kann nur ein Gutschein pro Person eingelöst werden.

GREENPEACE
ENERGY
Energie-Genossenschaft aus Überzeugung.

Hongkongstr. 10 | 20457 Hamburg

E-Mail: info@greenpeace-energy.de

www.greenpeace-energy.de

Der Gutschein ist gültig bis zum 30.12.2016. Der Rechtsweg ist ausgeschlossen. Der Gutscheinbetrag kann nicht ausgezahlt werden. Es kann nur ein Gutschein pro Person eingelöst werden.

in.power
INPOWER STROMGUTSCHEIN
Matildas Kitchen
10% RABATT AUF
DEN MITTAGSTISCH
KREIS ZU
QUADRAT
10% RABATT BEI EINEM EINKAUFSWERT
UNTER 100€ ODER 15% RABATT BEI EINEM
EINKAUFSWERT AB 100€

in.power

in.power GmbH
An der Fahrt 5 | 55124 Mainz-Gonsenheim

kontakt@inpower.de

Der Gutschein ist gültig bis zum 30.12.2016. Der Rechtsweg ist ausgeschlossen. Der Gutscheinbetrag kann nicht ausgezahlt werden. Es kann nur ein Gutschein pro Person eingelöst werden.

Matildas Kitchen

Grüneburgweg 86 | 60323 Frankfurt
www.matildaskitchen.de

Der Gutschein ist gültig bis zum 30.12.2016. Der Rechtsweg ist ausgeschlossen. Der Gutscheinbetrag kann nicht ausgezahlt werden. Es kann nur ein Gutschein pro Person eingelöst werden.

KREIS ZU QUADRAT

Berger Str. 214 | 60385 Frankfurt
Web: www.kreiszuquadrat.de

Der Gutschein ist gültig bis zum 30.12.2016. Der Rechtsweg ist ausgeschlossen. Der Gutscheinbetrag kann nicht ausgezahlt werden. Es kann nur ein Gutschein pro Person eingelöst werden.

Fourier
10 € RABATT AUF EINEN
MASSANGEFERTIGTEN GÜRTEL
bürstenhaus
10% AUF WARENEINKAUF
Ratioprint
Der garantiert gute Toner
5% AUF WARENEINKAUF

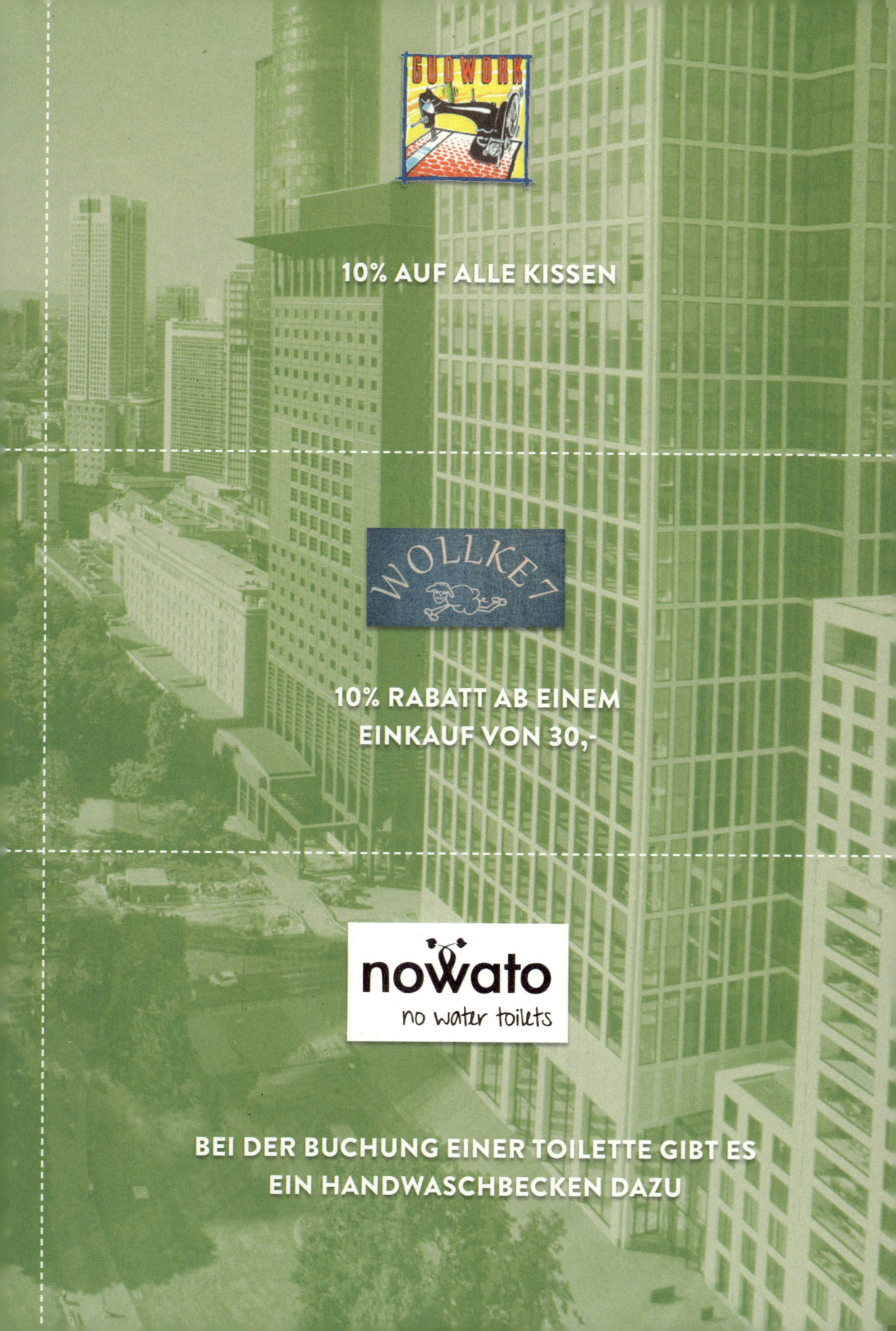
GUDWORK
10% AUF ALLE KISSEN
WOLLKE7
10% RABATT AB EINEM
EINKAUF VON 30,-
nowato
no water toilets
BEI DER BUCHUNG EINER TOILETTE GIBT ES
EIN HANDWASCHBECKEN DAZU

GUDWORK

Rat-Beil-Str. 39 | 60389 Frankfurt

www.gudwork.com

Der Gutschein ist gültig bis zum 30.12.2016. Der Rechtsweg ist ausgeschlossen. Der Gutscheinbetrag kann nicht ausgezahlt werden. Es kann nur ein Gutschein pro Person eingelöst werden.

WOLLKE7

im Reformhaus Andersch

Glauburgstraße 77 | 60318 Frankfurt am Main

www.wolke7-frankfurt.de

Der Gutschein ist gültig bis zum 30.12.2016. Der Rechtsweg ist ausgeschlossen. Der Gutscheinbetrag kann nicht ausgezahlt werden. Es kann nur ein Gutschein pro Person eingelöst werden.

nowato

no water toilets

www.nowato.com

Der Gutschein ist gültig bis zum 30.12.2016. Der Rechtsweg ist ausgeschlossen. Der Gutscheinbetrag kann nicht ausgezahlt werden. Es kann nur ein Gutschein pro Person eingelöst werden.

Grüne Smoothies
Wir essen Blumen...
und vegane Leckereien
2 SMOOTHIES ZUM
PREIS VON EINEM
Frankfurter Rundschau
FR-KOSTPROBE
Testen Sie die Frankfurter Rundschau für 2 Wochen, kostenlos
und ohne Risiko, der Bezug endet automatisch. Jetzt bestellen
unter: www.fr-abo.de/green-city

Grüne Smoothies
Wir essen Blumen...
und vegane Leckereien

Sandweg 6c | 60316 Frankfurt

www.wiressenblumen.de

Der Gutschein ist gültig bis zum 30.12.2016. Der Rechtsweg ist ausgeschlossen. Der Gutscheinbetrag kann nicht ausgezahlt werden. Es kann nur ein Gutschein pro Person eingelöst werden.

Frankfurter Rundschau

www.fr.online.de

Der Gutschein ist gültig bis zum 30.12.2016. Der Rechtsweg ist ausgeschlossen. Der Gutscheinbetrag kann nicht ausgezahlt werden. Es kann nur ein Gutschein pro Person eingelöst werden.